AutoCAD 基础教程

主　编　满吉芳　张聚贤　李开丽
副主编　李秀换　张　佳　刘立明
主　审　姜雄基　郭凤辉

课件　　　　微课　　　　教学大纲

课程标准　　校企合作　　新形态一体化教材

西南交通大学出版社
·成　都·

图书在版编目（CIP）数据

AutoCAD 基础教程 / 满吉芳，张聚贤，李开丽主编
. —成都：西南交通大学出版社，2021.8（2024.8 重印）
ISBN 978-7-5643-8217-9

Ⅰ. ①A… Ⅱ. ①满… ②张… ③李… Ⅲ. ①
AutoCAD 软件 – 高等学校 – 教材 Ⅳ. ①TP391.72

中国版本图书馆 CIP 数据核字（2021）第 165134 号

AutoCAD Jichu Jiaocheng
AutoCAD 基础教程

主　　编 / 满吉芳　张聚贤　李开丽	责任编辑 / 李芳芳
	封面设计 / 何东琳设计工作室

西南交通大学出版社出版发行
（四川省成都市金牛区二环路北一段 111 号西南交通大学创新大厦 21 楼　610031）
发行部电话：028-87600564
网址：http://www.xnjdcbs.com
印刷：成都中永印务有限责任公司

成品尺寸　185 mm×260 mm
印张　10.5　　字数　295 千
版次　2021 年 8 月第 1 版　　印次　2024 年 8 月第 3 次

书号　ISBN 978-7-5643-8217-9
定价　35.00 元

课件咨询电话：028-81435775
图书如有印装质量问题　本社负责退换
版权所有　盗版必究　举报电话：028-87600562

前　言

随着计算机技术的不断发展，AutoCAD 软件已被广泛应用于机械、电子、土木、建筑、航空、轻工、纺织等多个领域中，该软件已成为全球各行业设计师之间的通用语言。为使学生了解 CAD 基础知识，掌握 CAD 基本技能，并最终应用 CAD 解决工程实际问题，本书在介绍 AutoCAD 理论知识的基础上，讲解 AutoCAD 软件的操作方法和技能，并通过思考与练习实现知识内化，力求理论知识与实践操作并重，能力培养与创新思维结合。本书内容安排由浅入深、循序渐进，逐步实现从低阶认知到高阶认知的过渡。

本书包括四部分内容：AutoCAD 绘图基础——介绍基本操作、图层管理、文件输出；二维图形的绘制与编辑——介绍 AutoCAD 绘图命令和编辑命令；图形标注——介绍尺寸标注、文字、表格、图块；AutoCAD 强化应用——介绍三视图绘制、CAD 绘图实战。

本书具有以下特点：

（1）全书突出"精""透""详"的特点，内容凸显精炼，知识点分析透彻，实例绘制步骤详细。

（2）内容由易到难穿插讲授，便于学生灵活掌握各种命令，培养学生综合绘图能力。

（3）从企业实际需求出发，既突出必备技能训练，又保留必要知识传授。

本书由辽宁铁道职业技术学院姜雄基、沈阳铁道工程建设管理有限公司郭凤辉担任主审。辽宁铁道职业技术学院满吉芳编写项目二、项目八；辽宁铁道职业技术学院张聚贤编写项目三、项目五；辽宁铁道职业技术学院李开丽编写项目四、项目六；辽宁铁道职业技术学院李秀换、张佳编写项目一；沈阳铁道工程建设管理有限公司刘立明编写项目七。全书由满吉芳统稿。

本书编写得到了辽宁铁道职业技术学院教务处、沈阳铁道工程建设管理有限公司有关领导的大力支持，在此表示诚挚的感谢。由于编者水平有限，书中难免存在不当之处，恳请读者批评指正。

编　者

2021 年 5 月

课件

教学大纲与课程标准

AutoCAD 的发展和应用领域

目　录

项目一　AutoCAD 2010 基本操作 ··· 1
　　任务一　AutoCAD 2010 界面简介 ··· 1
　　任务二　文件操作 ·· 4
　　任务三　基本操作指令 ··· 6
　　任务四　AutoCAD 的命令启动 ·· 8
　　任务五　绘图环境设置 ··· 10
　　任务六　图层的设置与管理 ··· 13
　　任务七　控制图形显示 ··· 23
　　思考与练习 ·· 27

项目二　二维图形的绘制与编辑 ··· 28
　　任务一　定点的方法 ·· 28
　　任务二　AutoCAD 绘图命令 ··· 31
　　任务三　AutoCAD 编辑命令 ··· 44
　　任务四　精确绘图工具 ··· 62
　　任务五　夹点编辑 ·· 71
　　思考与练习 ·· 74

项目三　文字、尺寸标注及表格 ··· 77
　　任务一　文　字 ··· 77
　　任务二　尺寸标注样式设置 ··· 82
　　任务三　尺寸标注与编辑 ·· 90
　　任务四　表　格 ··· 102
　　思考与练习 ·· 110

项目四　块与外部参照 ·· 112
　　任务一　块的创建与编辑 ·· 112
　　任务二　块属性的编辑与管理 ··· 115
　　任务三　外部参照 ·· 116

  思考与练习 ·· 118

项目五　图案填充 ·· 120
  任务一　图案填充的使用 ··· 120
  任务二　图案填充的编辑 ··· 128
  思考与练习 ·· 130

项目六　三视图绘制 ·· 131
  任务一　三视图绘制技巧 ··· 131
  任务二　三视图绘制方法 ··· 133
  思考与练习 ·· 135

项目七　图形打印与输出 ·· 138
  任务一　在模型空间打印 A4 图纸 ·· 138
  任务二　在布局空间打印 A3 和 A2 图纸 ·· 140
  思考与练习 ·· 144

项目八　CAD 绘图实战 ·· 145
  任务一　辅助绘图工具练习 ··· 145
  任务二　绘图命令练习 ··· 147
  任务三　编辑命令练习 ··· 150
  任务四　三视图绘制练习 ··· 159

参考文献 ··· 161

项目一　AutoCAD 2010 基本操作

CAD，是 Computer Aided Design（计算机辅助设计）的英文缩写，是一个集二维绘图、三维造型设计、通用数据管理于一体的通用计算机辅助设计和绘图软件。AutoCAD 是 Autodesk 公司旗下最为出名的绘图软件之一，自 1982 年 11 月推出 AutoCAD1.0 以来，经过近 40 年的发展和完善，版本不断升级和更新，现在已发展到 AutoCAD 2022。自 20 世纪 80 年代末 AutoCAD 作为通用图形软件引入我国后，因其强大的功能、易学易用的特点和良好的二次开发环境，而被广泛应用于机械、电子、土木、建筑、航空、航天、轻工、纺织等工程设计和制造领域中。

项目简介

任务一　AutoCAD 2010 界面简介

项目微课

双击桌面 AutoCAD 2010 图标，或者执行"开始"→"程序"→"Autodesk"命令找到并运行 AutoCAD 2010 程序，即可进入如图 1-1 所示的 AutoCAD 2010 界面。

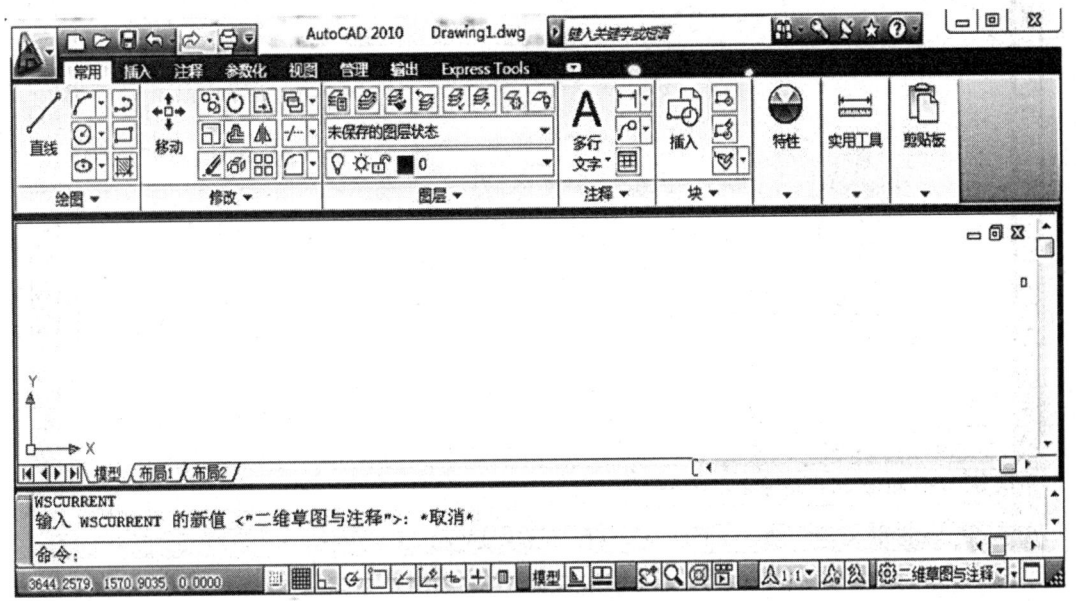

图 1-1　AutoCAD 2010 界面——"二维草图与注释"工作空间

一、切换工作空间

用户启动 AutoCAD 后，默认工作空间为"二维草图与注释"，如图 1-1 所示。为方便操作，应切换工作空间为"AutoCAD 经典"：单击 二维草图与注释 按钮，在弹出的工作空间文本框中选择"AutoCAD 经典"即可，如图 1-2 所示。

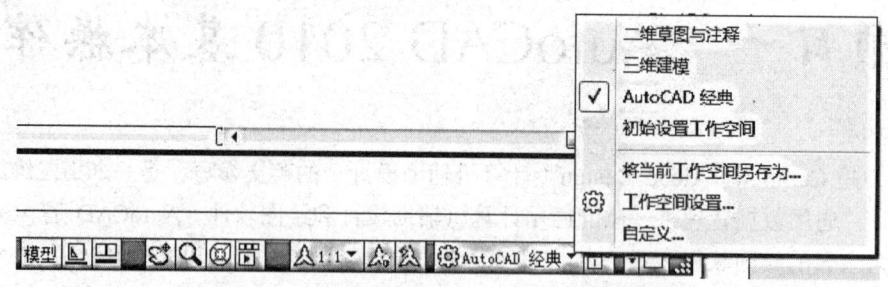

图 1-2　进入"AutoCAD 经典"工作界面

二、AutoCAD 2010 经典界面

AutoCAD 2010 经典界面如图 1-3 所示，界面内包括标题栏、菜单栏、工具栏、绘图窗口、命令行、状态栏等，下面对其进行详细介绍。

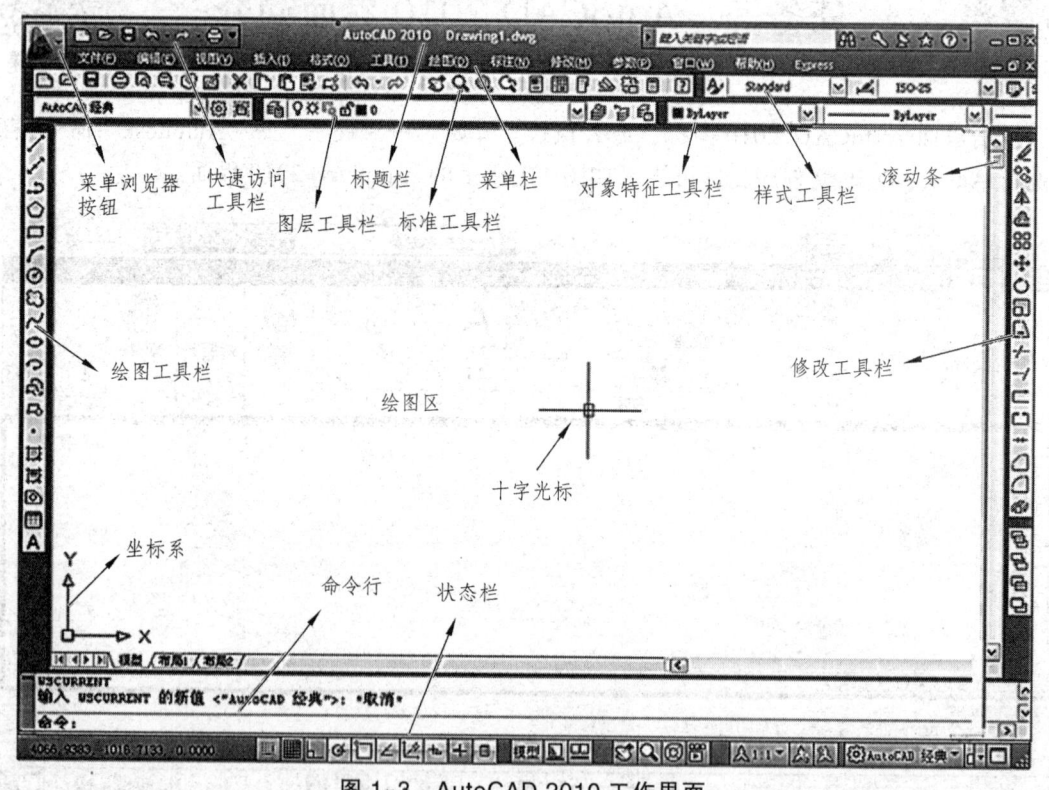

图 1-3　AutoCAD 2010 工作界面

1. 标题栏

标题栏用于显示当前图形的名称，默认名称为"Drawing1.dwg"，用户可根据需要进行更改。右侧的"最小化"按钮 ▬ 、"最大化"按钮 ▢ 和"关闭"按钮 ✕ ，主要用于控制界面的大小和退出。

2. 菜单栏

利用下拉菜单可执行 AutoCAD 2010 的大部分命令。AutoCAD 的下拉菜单具有以下特征：

（1）在下拉菜单中，右侧带有小三角图标的菜单项，说明其还有下一级菜单。

（2）右侧无任何图标的菜单项，说明无下一级菜单，选择选项后即可执行相应的 AutoCAD 命令。

3. 绘图区

绘图区是用户的工作平台，即用户运用 AutoCAD 2010 进行绘图的区域。用户通过调取相关命令，在该区域内完成图形的绘制。系统默认状态下，绘图区的背景色显示为黑色，也可设置为其他颜色，具体操作详见任务三。

4. 工具栏

工具栏为用户提供了众多的图形编辑工具，每个按钮都代表一个命令。在系统默认状态下，操作界面只显示标准工具栏、样式工具栏、图层工具栏、对象特征工具栏、绘图工具栏、修改工具栏、工作空间及绘图次序 8 个工具栏。除上述 8 个工具栏之外，AutoCAD 2010 还提供了其他 22 个工具栏，打开方式为：

（1）右击任意工具栏按钮，弹出"工具栏选项"菜单，如图 1-4 所示。

（2）单击"工具栏选项"菜单下任一工具栏名称，使其左侧显示"√"符号，该工具栏便显示在界面窗口中。

（3）取消该工具栏的显示状态（单击已选中的工具栏名称，使其左侧不再显示"√"符号），即可隐藏该工具栏。

5. 命令行

"命令行"位于绘图窗口与状态栏之间，是用于显示用户与 AutoCAD 对话信息的地方。当命令行有"键入命令"提示符时，表示 AutoCAD 处于待命状态，用户可直接在此处键入命令，也可通过工具栏和下拉菜单输入命令。绘图过程中，命令行不断显示下一步操作提示，用户按提示进行操作即可。默认情况下，命令行是一个固定的窗口，可将其设置为浮动窗口。

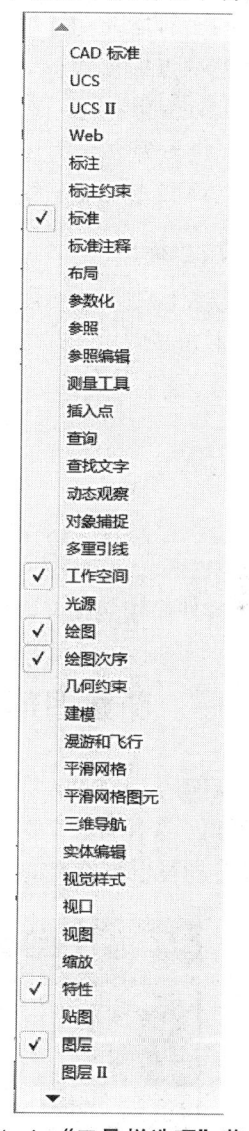

图 1-4 "工具栏选项"菜单

6. 状态栏

状态栏用于显示 AutoCAD 当前的绘图状态，如绘图时正交是否打开、当前光标的坐标、对象捕捉是否打开等，如图 1-5 所示。状态栏左端数值显示的是当前十字光标所处位置的坐标值。

图 1-5 状态栏

状态栏中常用的工具有：

（1）正交：正交开启时，只能绘制水平或垂直的直线。

（2）对象捕捉：对象捕捉开启时，可以捕捉到特殊点，如端点、交点、圆心等，右键可设置特殊点捕捉状态。

（3）对象追踪：对象追踪开启时，可以追踪图形中的特殊点，与对象捕捉一起使用。

（4）线宽：线宽开启时，可以显示出线宽。关闭时，不显示线宽，即所有线条均为细线。

（5）模型：用于模型和图纸之间的切换。

7. 坐标系

绘图区左下角一般有 图标，标有 X、Y 字样，称为坐标系。它表示当前绘图所采用的坐标形式。

任务二 文件操作

文件操作包括文件的新建、打开、保存及关闭等。

一、新建图形文件

启动 AutoCAD 后，执行"文件"→"新建"命令或单击工具栏上的"新建"按钮，将弹出"选择样板"对话框，如图 1-6 所示，选择对话框中任意一个图形样板，单击"打开"按钮，即可根据选定的图形样板创建一个新图形，系统默认的图形文件名为"Drawing1.dwg"。

图 1-6 "选择样板"对话框

单击对话框右下角"打开"按钮右侧的小三角形符号，将弹出一个选项卡，如图1-7所示。

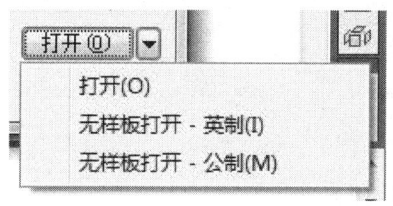

图1-7 "打开"选项卡

选项卡中各选项含义如下：
【打开】：新建一个有样板打开的绘图文件。
【无样板打开—英制（I）】：新建一个英制的无样板打开的绘图文件。
【无样板打开—公制（M）】：新建一个公制的无样板打开的绘图文件。

二、打开图形文件

执行"文件"→"打开"命令或单击工具栏上的"打开"按钮 ，将弹出"选择文件"对话框，如图1-8所示。选择需要打开的图形文件，然后单击"打开"按钮，即可打开所选图形。

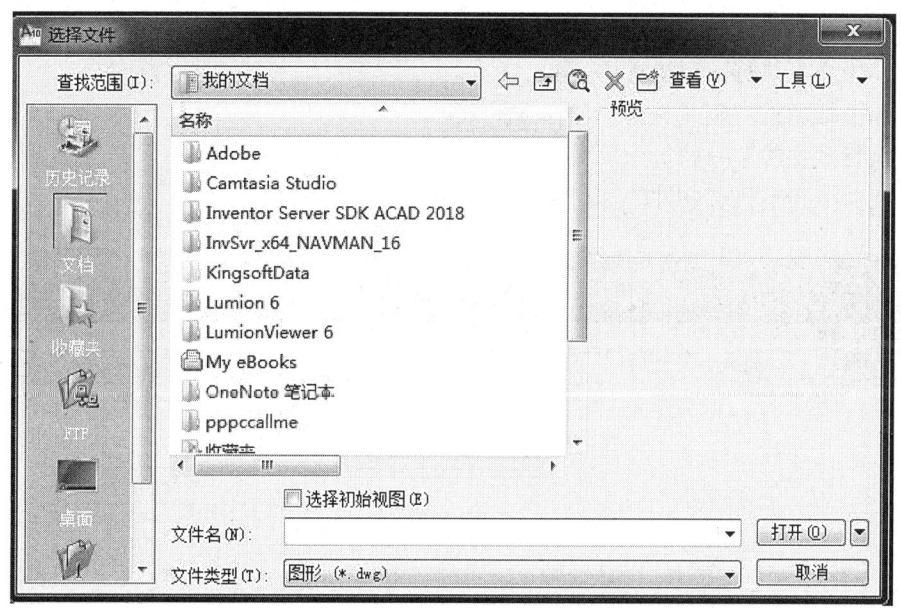

图1-8 "选择文件"对话框

三、保存图形文件

执行"文件"→"保存"命令，或按快捷键<Ctrl + S>完成存盘操作。此外，执行"文件"→"另保存"命令，将弹出"图形另存为"对话框，如图1-9所示。在该对话框中设置保存路径，输入文件名，然后单击"保存"按钮，即可将文件保存至指定位置。

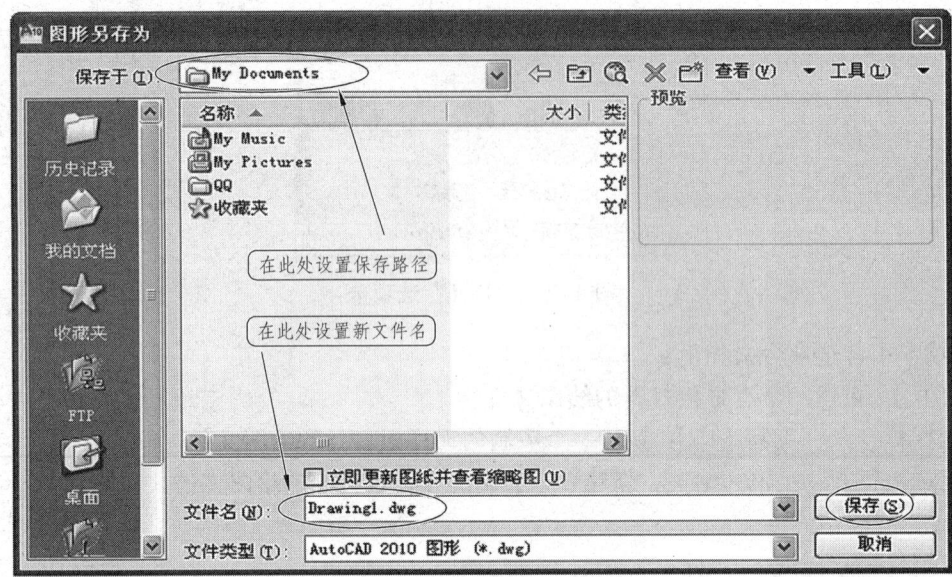

图 1-9 "图形另存为"对话框

四、关闭文件和退出系统

用户单击菜单栏右侧"关闭"按钮 X ，即可关闭当前图形文件，如图 1-10 所示。若需退出系统，用户可执行下列操作之一：

（1）单击标题栏右侧"关闭"按钮 X 。
（2）执行"文件"→"退出"命令。
（3）在命令行输入"QUIT"或"EXIT"，并按<Enter>键。

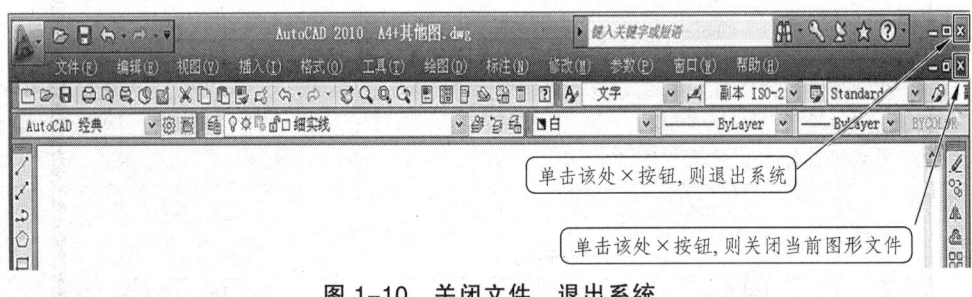

图 1-10 关闭文件、退出系统

任务三　基本操作指令

一、使用鼠标执行命令

当鼠标位于绘图窗口时，通常显示为"+"字光标。将鼠标移至菜单选项、工具栏或对话框内时，将变成一个箭头。无论光标是"+"字光标形式还是箭头形式，当单击或按动鼠标键时，都会执行相应的命令或操作。在 AutoCAD 中，鼠标键是按照下述规则定义的：

1. 拾取键

拾取键通常指鼠标左键，用于指定屏幕上的点，也可用来选择 Windows 对象、AutoCAD 对象、工具栏按钮和菜单命令等。

2. 回车键

回车键是指鼠标右键，相当于<Enter>键，用于结束当前使用的命令，此时系统将根据当前绘图状态而弹出不同的快捷菜单。

3. 弹出菜单

当使用<Shift>键和鼠标右键的组合时，系统将弹出一个快捷菜单，用于设置捕捉点的方法。

二、使用命令行执行命令

绘图时应密切关注命令行，按照系统对下一步操作的提示进行操作。下面以绘制圆为例说明执行 AutoCAD 命令时提示的意义。

画圆的命令如下：

命令行：CIRCLE（或 C）↙
指定圆的圆心或[三点（3P）/两点（2P）/相切、相切、半径（T）]：0, 0↙
指定圆的半径或[直径（D）] <50.0000>：20↙

这时，可完成一个圆心坐标为（0, 0）且半径为 20 的圆。

在命令提示窗口中，各项意义如下：

（1）未加括号的提示为正在执行的命令，如"指定圆的圆心"。

（2）在[ ]中的内容为选项，当一个命令有多个选项时，各选项间用"/"隔开。在选择所需选项时，需要输入对应选项的字母，如选用相切、相切、半径画圆法，需要输入 T。

（3）在< >中的选项为默认值。如果同意默认值，只需按<Enter>键或空格键即可；若不同意默认值，直接输入正确值，然后按<Enter>键或空格键。如画圆时半径的默认值为 50.000 如需要画的是半径为 20 的圆，不同意默认值，直接输入"20↙"。

三、命令的调用、终止、重复操作

用户运用 AutoCAD 绘图时，需调用、终止命令或进行重复操作。下面详细介绍命令的调用、终止与重复操作。

1. 命令的调用

命令的调用方法有三种，如图 1-11 所示，分别为：

（1）下拉菜单栏法：单击下拉菜单中的命令项。

（2）命令按钮法：单击工具栏中对应的命令按钮。

（3）键盘输入法：在命令状态下输入命令名，然后按<Enter>键或空格键。

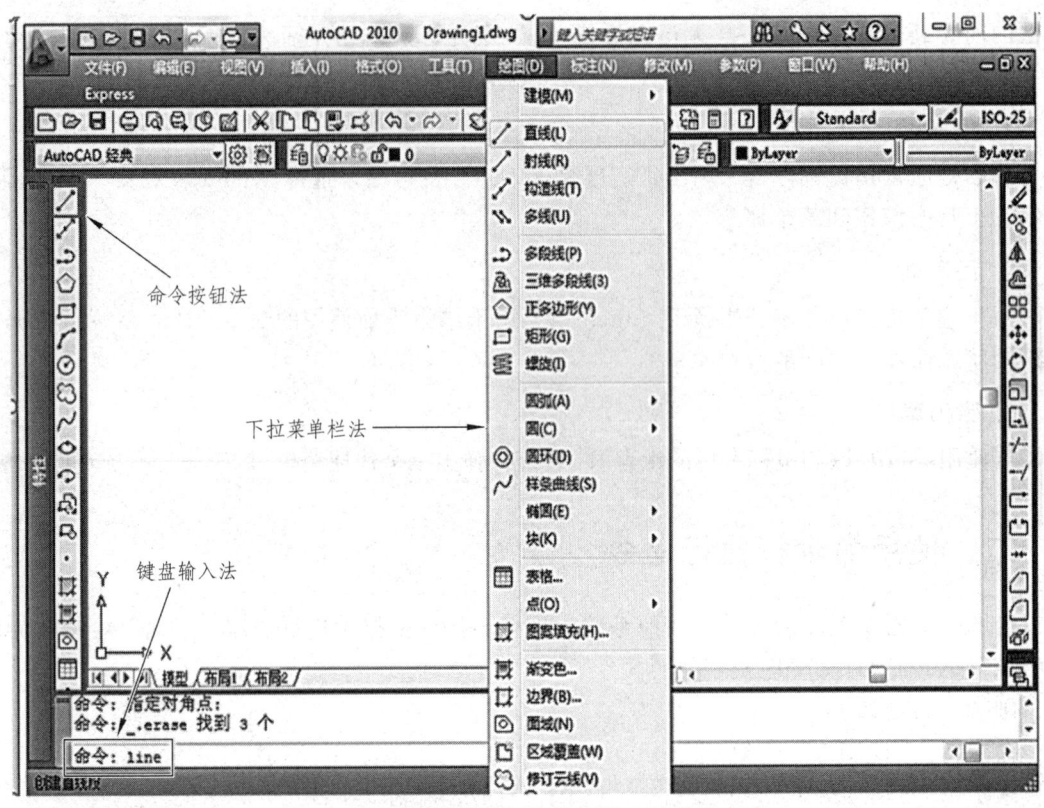

图 1-11 "直线"绘制命令的三种调用方式

2. 命令的终止

命令的终止与命令的调用一样,也有三种方式,分别为:
(1) <Esc>终止法:在命令执行过程中按<Esc>键。
(2) 调用另一命令终止法:从菜单或工具栏中调用另一命令,则当前命令终止。
(3) "取消"终止法:单击鼠标右键,在弹出的快捷菜单中选择"取消"项。

3. 命令的重复调用

命令的重复调用方式有两种,分别为:
(1) "回车"或"空格"法:按键盘的<Enter>键或空格键,可重复上一命令。
(2) 右键选择法:在绘图区右击,在快捷菜单"最近的输入"的子菜单中选择所需的命令。

任务四 AutoCAD 的命令启动

AutoCAD 系统中大多数操作都是通过命令来驱动的,每一个命令都有一个对应的命令名。为了便于用户操作,AutoCAD 的大多数命令都允许用户采用菜单操作、工具栏操作和命令行操作方式来启动。高效的操作方式是"左手键盘,右手鼠标",即左手在命令行输入命令,右手控制鼠标进行对象选择或确定。但这种方式需要用户熟记大量的命令，不适合初学者。初学者更倾向于采用直观、方便的操作，即采用菜单和工具栏来启动一些常规命令。为逐步掌握高效绘图的操作方式，初学阶段的用户可以以命令行操作方式为主，以菜单操作和工具栏操作为辅来学习。

一、菜单操作

AutoCAD 的菜单操作与 Windows 软件的菜单操作大致一样，将光标指向菜单栏上某个下拉菜单，单击展开下级菜单，选择某个菜单项单击左键即可启动该命令。如单击"绘图"菜单，在展开的下级菜单单击"直线"，即可启动直线命令。有些菜单项拥有多级菜单，用户可以用左键逐渐展开。

二、工具栏操作

工具栏由一组命令按钮组成，大多数命令按钮是以单个图标形式展示的，只要单击该图标按钮即可启动相应的命令，如单击"直线"图标按钮即可启动直线命令。还有一种命令按钮是以弹出式图标形式来展示的，如"阵列"按钮。将光标移至该按钮并按住左键不放，将弹出菜单，移动光标至所需命令按钮上，松开左键即可激活该命令。

三、命令行操作

用户可以通过键盘输入 AutoCAD 的命令，然后按<Enter>键或空格键启动操作命令。这是一种最直接、最快捷的操作方式，AutoCAD 的绝大多数命令都支持这种操作方式，但需要用户熟记操作命令。为了便于记忆和输入这些操作命令，AutoCAD 大多数绘图和编辑命令都有相应的快捷命令，如"L"是直线"Line"的快捷命令。

四、快捷命令与快捷键的操作

AutoCAD 有几百个命令，每个命令都由几个或十几个字母组成，绘图时若输入完整命令非常烦琐。为了提高绘图效率，AutoCAD 系统用一个或几个字母构成的快捷命令来代替一些常用命令，或为这些常用命令指定快捷键。

1. 快捷命令的定义

快捷命令的定义内容被保存在 AutoCAD 的自定义文件夹"Support"目录下的"Acad.pgp"文件中，用户可以通过修改该文件内容来修改已有快捷命令或定义新的快捷命令。快捷命令格式为：abbreviation, *command，其中"abbreviation"为快捷命令名，"command"是要被缩写的命令名，"*"是不可省略的，如"L, *Line"。用户只要用写字板打开自定义文件"Acad.pgp"，对相应内容进行编辑，以原名保存即可。

2. 快捷键

AutoCAD 的快捷键有两类：一类是功能键<F1>~<F12>；另一类是<Ctrl+0>~<Ctrl+9>或<Ctrl+A>~<Ctrl+Z>键。常用快捷键及其对应操作见表 1-1。

表 1-1 常用快捷键及其对应操作

快捷键	快捷操作	快捷键	快捷操作
<F1>	显示帮助	<Ctrl+B>	切换捕捉
<F2>	切换文本窗口	<Ctrl+C>	将对象复制到粘贴板上
<F3>	切换对象捕捉	<Ctrl+D>	切换坐标显示
<F4>	切换数字化模式	<Ctrl+E>	在等轴测平面之间循环
<F5>	切换等轴测视图	<Ctrl+F>	切换执行对象捕捉
<F6>	切换动态 UCS	<Ctrl+G>	切换栅格
<F7>	切换栅格	<Ctrl+H>	切换 PICKSTYLE
<F8>	切换正交模式	<Ctrl+I>	切换坐标显示
<F9>	切换栅格捕捉模式	<Ctrl+J>	重复上一个命令
<F10>	切换极轴追踪	<Ctrl+K>	插入超链接
<F11>	切换对象捕捉追踪	<Ctrl+L>	切换正交模式
<F12>	切换动态输入	<Ctrl+M>	重复上一个命令
<Ctrl+0>	切换清屏	<Ctrl+N>	创建新图形
<Ctrl+1>	切换特性选项板	<Ctrl+O>	打开现有图形
<Ctrl+2>	切换设计中心	<Ctrl+P>	打印当前图形
<Ctrl+3>	切换工具选项板窗口	<Ctrl+Q>	退出 AutoCAD
<Ctrl+4>	切换图纸集管理器	<Ctrl+R>	循环当前布局中的视口
<Ctrl+5>	切换信息选项板	<Ctrl+S>	保存当前图形
<Ctrl+6>	切换数据库链接管理器	<Ctrl+T>	切换数字化模式
<Ctrl+7>	切换标记集管理器	<Ctrl+V>	粘贴剪贴板中的数据
<Ctrl+8>	切换"快速计算"计算器	<Ctrl+X>	将对象剪贴到剪贴板中
<Ctrl+9>	切换命令窗口	<Ctrl+Y>	恢复上一个操作
<Ctrl+A>	切换所有图形对象	<Ctrl+Z>	取消之前的操作

任务五 绘图环境设置

所谓绘图环境，是指用 AutoCAD 进行绘图时所采用的图纸幅面大小、单位制（包括长度单位制和角度单位制）、角度的零度方向等。只有完成绘图环境的设置，方可方便、快捷地绘制图形。

一、背景颜色的设置

系统默认状态下,绘图区的背景色显示为黑色,也可设置为其他颜色,如白色。具体操作如图 1-12 所示。

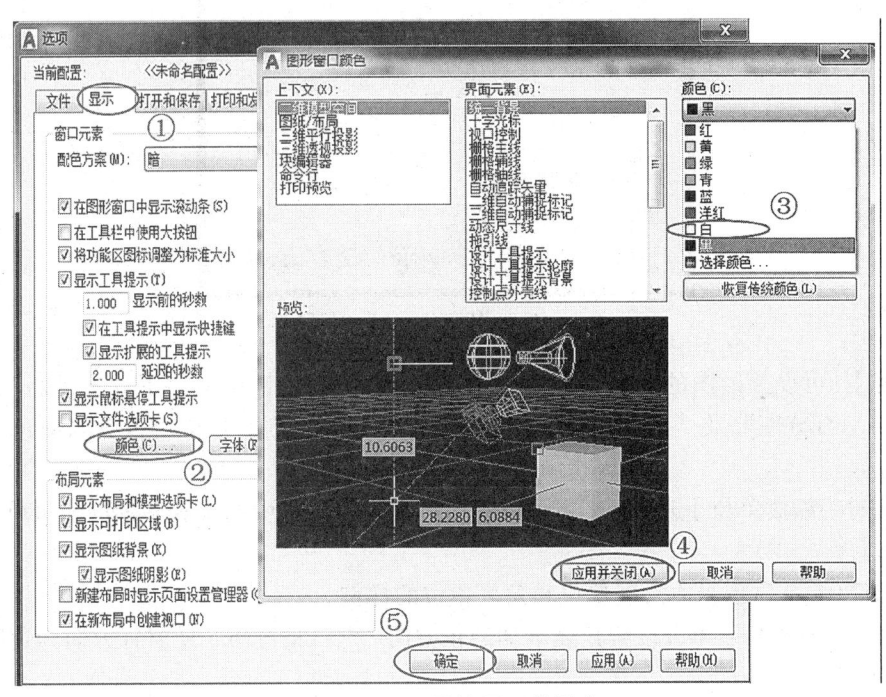

图 1-12 设置绘图区背景色

执行"工具"→"选项"命令,在弹出的"选项"对话框中激活"显示"标签,单击"窗口元素"区的"颜色"按钮,弹出"图形窗口颜色"对话框,在【颜色】文本框中选择所需要的颜色,如白色,然后依次单击"图形窗口颜色"对话框中的"应用并关闭"按钮和"选项"对话框中的"确定"按钮,即可将绘图区背景色设置为白色。

二、图形单位的设置

图形单位的设置是指设置绘图的长度测量单位,精度、角度测量单位及精度和角度测量方向。操作如下:

执行"格式"→"单位"命令,将弹出"图形单位"对话框,如图 1-13 所示。

【长度】:可设置绘图的长度单位和精度。在[类型]列表框中提供了小数、分数、工程、建筑及科学 5 种长度单位类型。其中工程和建筑的单位为英制单位,常用的为小数单位。在[精度]列表框中可设置长度值所钵用的小数位数或分数大小。

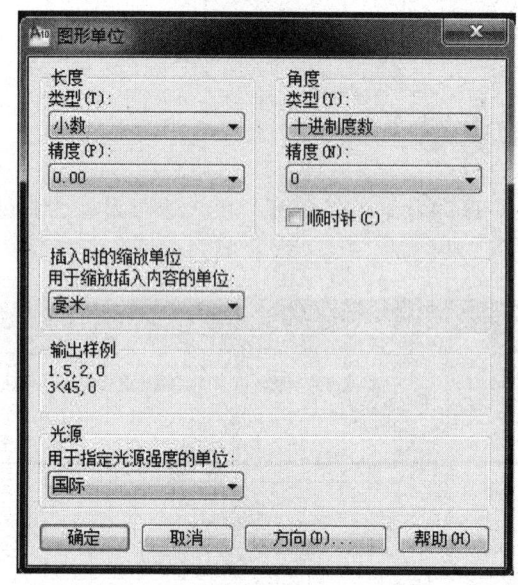

图 1-13 "图形单位"对话框

【角度】：可设置绘图的角度格式和精度。在[类型]列表框中提供了"十进制""弧度""度/分/秒""百分度"及"勘测单位"5 种格式。在[精度]列表框中可设置当前角度显示的精度。

【插入时的缩放单位】选项区：用于设置插入到当前图形中的块和图形的测量单位，常用毫米单位。

【输出样例】：显示当前长度单位和角度单位的样例。

【顺时针】复选框：可以设置角度增加的正方向。默认情况下，逆时针方向为角度增加的正方向。

三、图形界限的设置

执行"图形界限"命令可设置一个矩形的绘图界限，以保证绘图在界限内进行。

1. 设置绘图界限

执行"格式"→"图形界限"命令，在命令行显示：

指定左下角点[打开（ON）/关闭（OFF）]<0.00，0.00>：✓（接受默认值，直接回车，即左下角点坐标值为（0，0））

指定右上角点<210.00，297.00>：420.00，297.00✓（即绘图区为一张 A3 图纸）。此外，可通过指定右上角点的相对坐标确定图形界限完成。

2. 查看图形界限的范围和位置

按下屏幕下方状态栏处（见图 1-14）的"栅格显示"按钮，即可查看图形界限的范围与位置。

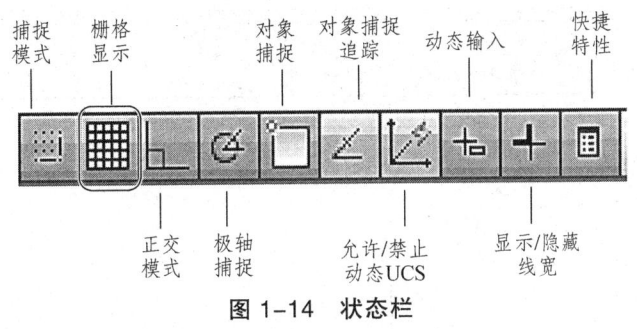

图 1-14 状态栏

3. 缩放显示全部图形界限

执行"视图"→"缩放"→"全部"命令,或在命令行输入"ZOOM"命令(或 Z)后按<Enter>键,再输入"A"后按<Enter>键,则在绘图区域正中央杜妃邵暚祺坚徼疠阍。

任务六　图层的设置与管理

一、图层的创建

在工程图样中,图形主要由中心线、粗实线、虚线、剖面线、尺寸标注以及文字说明等元素组成,这些元素对象统称为图形对象。为了便于编辑和管理这些图形对象,通常将这些对象置于不同的图层上。

图层相当于一张张没有厚度的透明纸片,用户可在其上绘制图形。每个图层只能赋予一种线型和一种颜色,故绘制复杂图形前需要设置多个图层,每个图层上设置有不同的线型和颜色,最终叠合成一张复杂而完整的图形。

图层的创建方法:

1. 命令激活方式

(1) 执行"格式"→"图层"命令。

(2) 在命令行输入"LAYER"命令。

(3) 单击图层工具栏中的"图层特性管理器"按钮。

2. 操作步骤

输入命令后,系统自动弹出如图 1-15 所示的"图形特性管理器"对话框,并自动创建一个名为"0"的特殊图层,该图层既不能重新命名,也不能被删除。

单击"新建图层"按钮,即可创建"图层 1"。"图层 1"可编辑,如重命名、修改线型、颜色、线宽等。

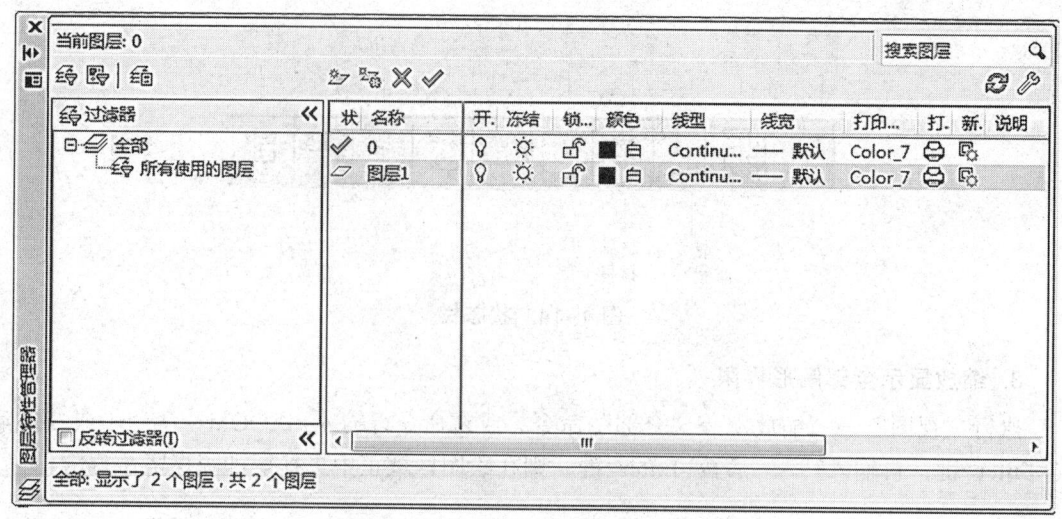

图 1–15 "图形特性管理器"对话框

二、图层颜色的设定

颜色在图形中具有非常重要的作用,可以用来表示不同的组件、功能和区域。因此,为了使图形一目了然,通常需要为每个图层设置不同的颜色。具体操作如图 1-16 所示。

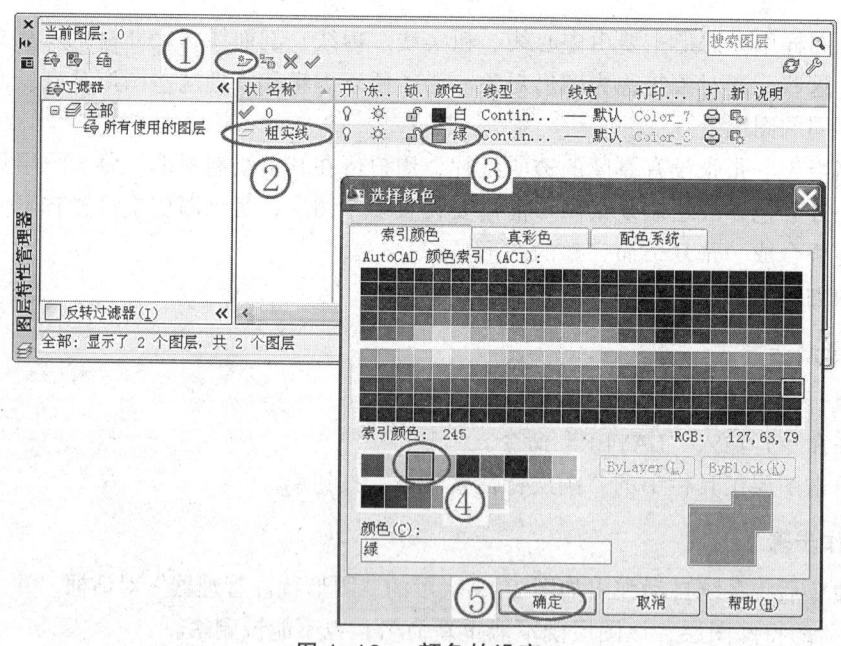

图 1–16 颜色的设定

新建图层后,单击图层中"颜色"类型下的颜色块,会弹出"选择颜色"对话框,从中选择需要的颜色,单击"确定"按钮。

在"选择颜色"对话框中,可以使用"索引颜色""真彩色"和"配色系统"3 个选项卡为图层选择颜色。

三、线型的使用与管理

（一）线型的加载

新建图层后，默认的线型为上一图层的线型，若与需求不符，则需要加载线型。如加载虚线线型，具体操作如下（见图 1-17）：

单击"虚线"图层中"线型"类型下的"Continuous"，将弹出"选择线型"对话框，该对话框"已加载的线型"文本框中只有 Continuous，没有其他线型，需要加载。单击"加载"按钮，在弹出的"加载或重载线型"对话框中选择"DASHED"；然后单击"确定"按钮，回到"选择线型"对话框，选择"DASHED"线型后；再单击"确定"按钮，完成虚线线型加载。

绘制工程图时，常用的线型如下：

（1）实线：Continuous。
（2）虚线：Dashed。
（3）点画线：Center。

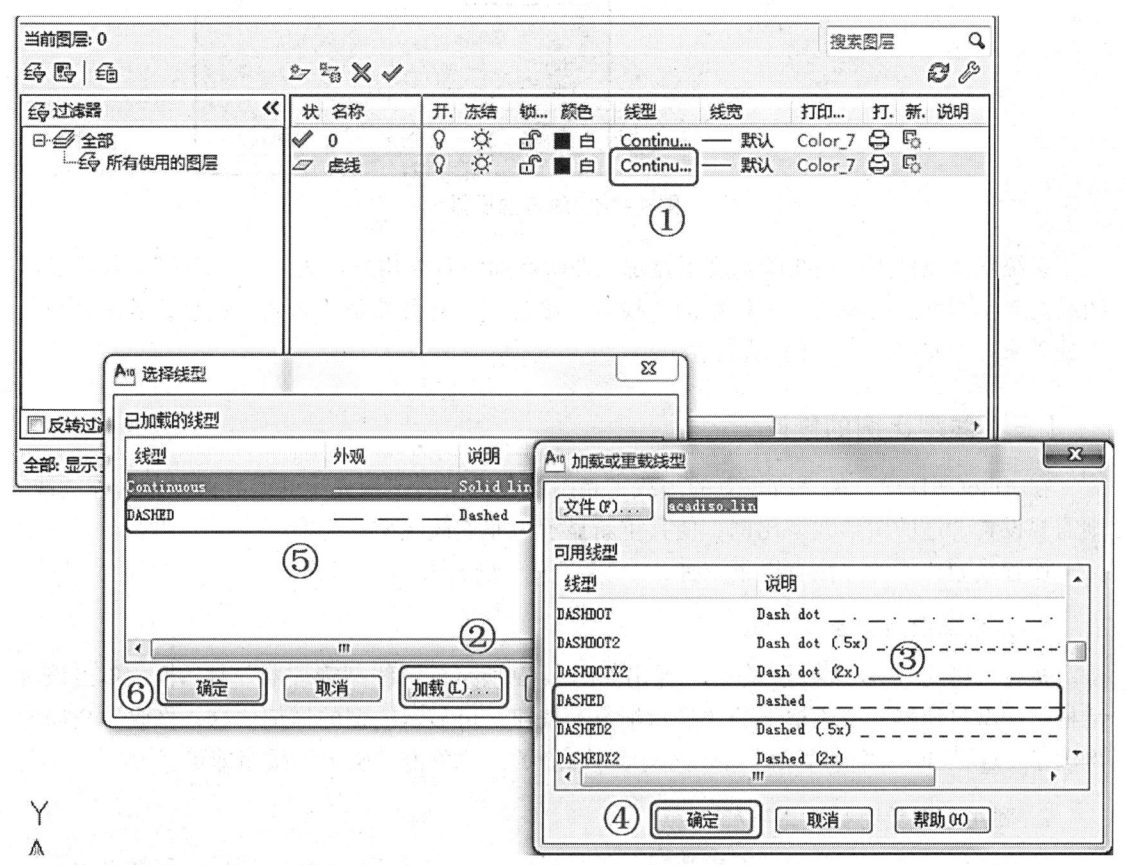

图 1-17 加载"虚线"线型

(二)线宽的设置

单击"虚线"图层中"线宽"类型下的"——默认"选项,弹出"线宽"对话框,从中选择所需线宽,单击"确定"即可,步骤如图 1-18 所示。

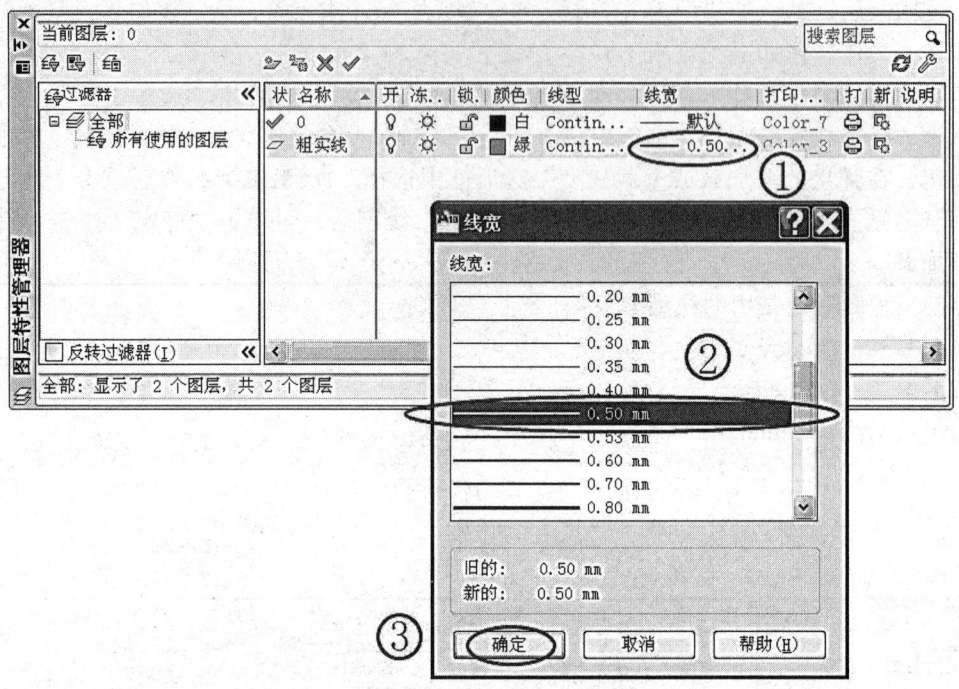

图 1-18 线宽的设置

系统默认条件下,图线的宽度不显示,即所有图线宽度均显示为"——默认"。若要显示图线的真实宽度,可单击状态栏中的"线宽"按钮 ,打开线宽(按钮呈蓝色,若呈灰色,则处于未打开状态),即可显示线宽。

(三)线型比例的修改

在 AutoCAD 中,如果所设置的虚线、点画线等线型因图幅大小的差异而显示为连续线,则需要设置合适的图形线型比例,使其重新显示为非连续线型。

设置线型比例的方法有以下三种:

1. 从菜单调用命令

执行"格式"→"线型"命令,弹出如图 1-19 所示的"线型管理器"对话框。单击该对话框"线型过滤器"文本框下的"显示细节"按钮,可显示线型的详细信息,修改"全局比例因子(G)"和"当前对象的缩放比例因子(O)",并单击"确定"按钮即可。

2. 利用"对象特征"工具栏

选取图形对象后,单击"对象特征"工具栏中的"— —ByLayer"按钮,在弹出的下拉菜单中选择"其他",也会弹出"线型管理器"对话框,如图 1-20 所示,其他操作同"从菜单调用命令"步骤。

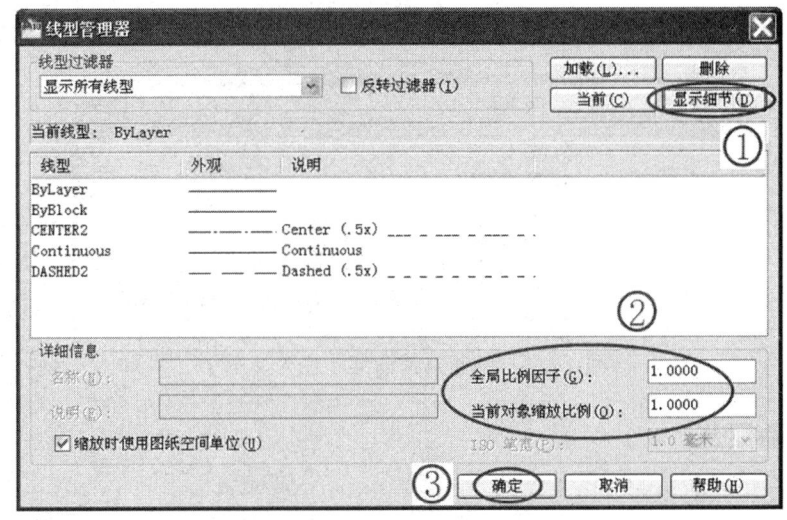

图 1-19 "线型管理器"对话框

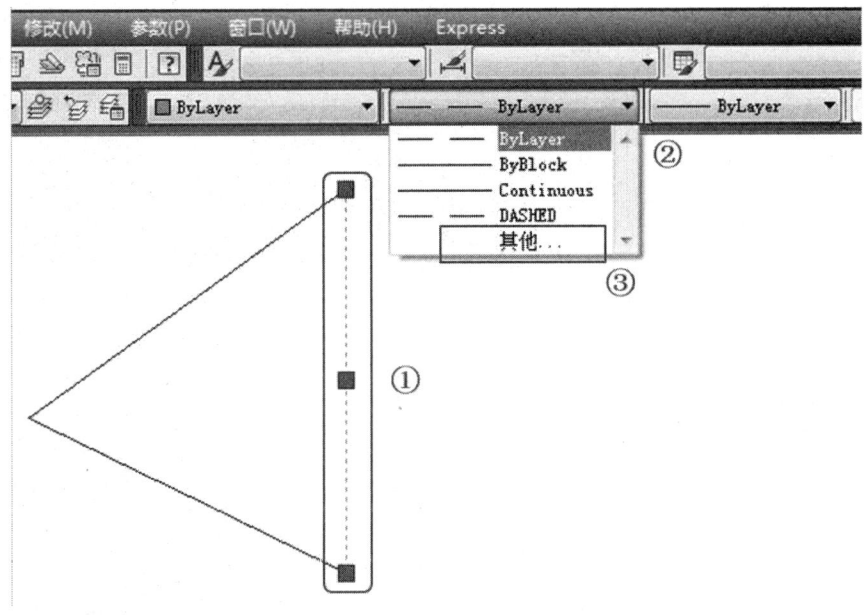

图 1-20 设置线型比例

3. 命令行输入命令

在命令行输入"LTSCALE"命令（设置全局线型比例命令）或"CELTSCALE"命令（设置当前对象的线型比例命令）后按<Enter>键，也可设置线型比例。

四、图层的管理和控制

（一）设置当前图层

在未选中图形中任意对象的基础上，单击"图层"工具栏，单击要设置为当前层的"图层名称",如图 1-21 所示,即可将该图层设置为当前图层。

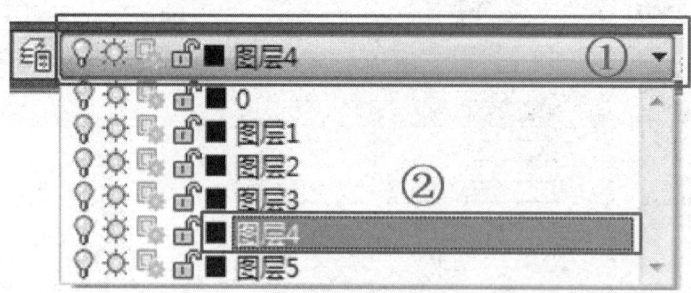

图 1-21 设置当前图层(换为该图)

(二)删除图层

单击"图层特性管理器"按钮,在弹出的"图层特性管理器"对话框中选择需要删除的图层,使其呈蓝色状态,然后单击"删除"按钮,如图 1-22 所示,即可删除该图层。

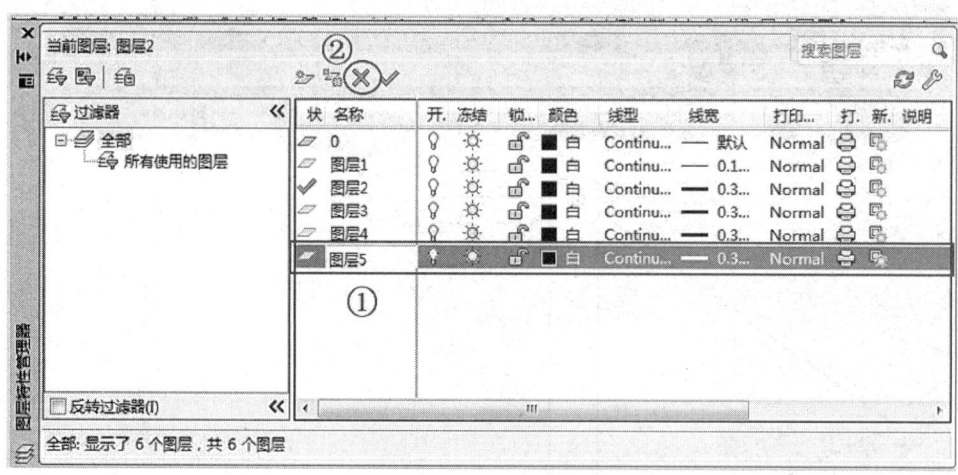

图 1-22 删除图层

(三)控制图层开关

在系统默认状态下,新创建图层的开关均为"打开"、"解冻"、"解锁"状态,绘图时可根据需要改变图层的开关状态,具体操作(见图 1-23)如下:

单击"图层"工具栏,在弹出的下拉列表中单击相应的开关即可。图层开关的功能与区别如表 1-2 所示。

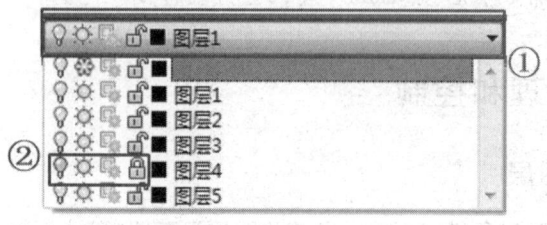

图 1-23 控制图层开关

表 1-2　图层开关的功能与区别

项目与图标	功　　能	区　　别
关闭 💡	隐藏指定图层的实体，使之看不见	关闭与冻结均使图层上的实体不可见，其区别仅在于执行其他命令（如 ZOOM、PAN 等）时速度的快慢，后者比前者快；加锁图层上的实体是可以看见的，但无法编辑
冻结 ❄	冻结指定图层上的全部图形并使之消失； 注意：打印输出图形时，冻结图层上的实体将不会被输出； 当前图层是无法被冻结的	
加锁 🔒	加锁图层，被加锁的图层上可以绘图，但无法进行编辑	
打开 💡	恢复已关闭的图形，使该图层上的图形重新显示出来	针对的功能不同，具体为： 打开是针对关闭的；解冻是针对冻结；解锁是针对加锁的
解冻 ☀	对冻结的图层解冻，使图层上的图形重新显示出来	
解锁 🔓	对加锁的图层进行解锁，使图形可编辑	

（四）更改对象所在图层

更改对象所在图层，可通过以下两种途径实现：

1. 使用图层工具进行更改

选择图形上的某一对象，单击"图层"工具栏图层下拉列表中的对应图层，如图 1-24 所示，即可将该图形对象的图层置换为所选图层。

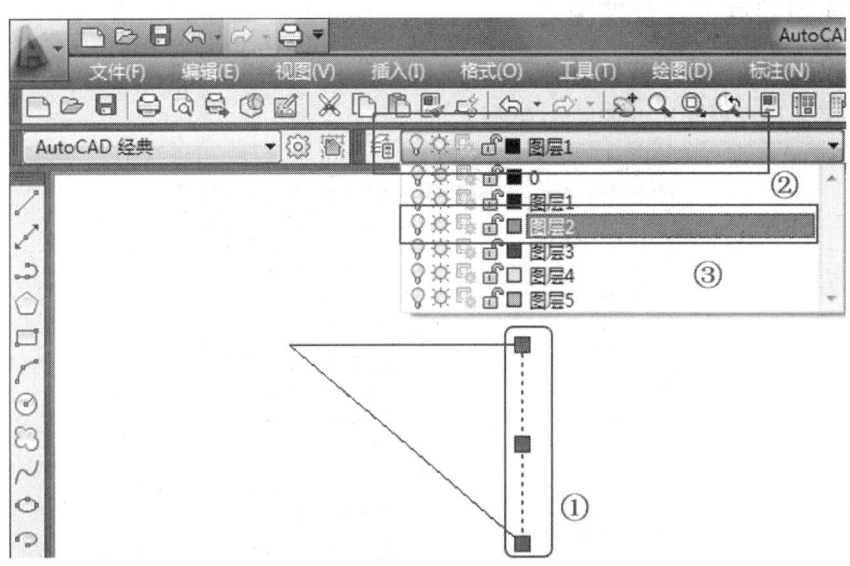

图 1-24　使用图层工具更改图形对象的图层

2. 通过修改对象"特性"进行更改

选取图形对象后，单击鼠标右键，在快捷菜单中选择"特性"命令，在弹出的"特性"对话框相应项中改变图层，如图 1-25 所示，修改完毕后关闭对话框，并按<ESC>键退出图形对象的选取即可。

此外，可通过上述步骤改变图形对象的线型、颜色、线宽等其他特性。

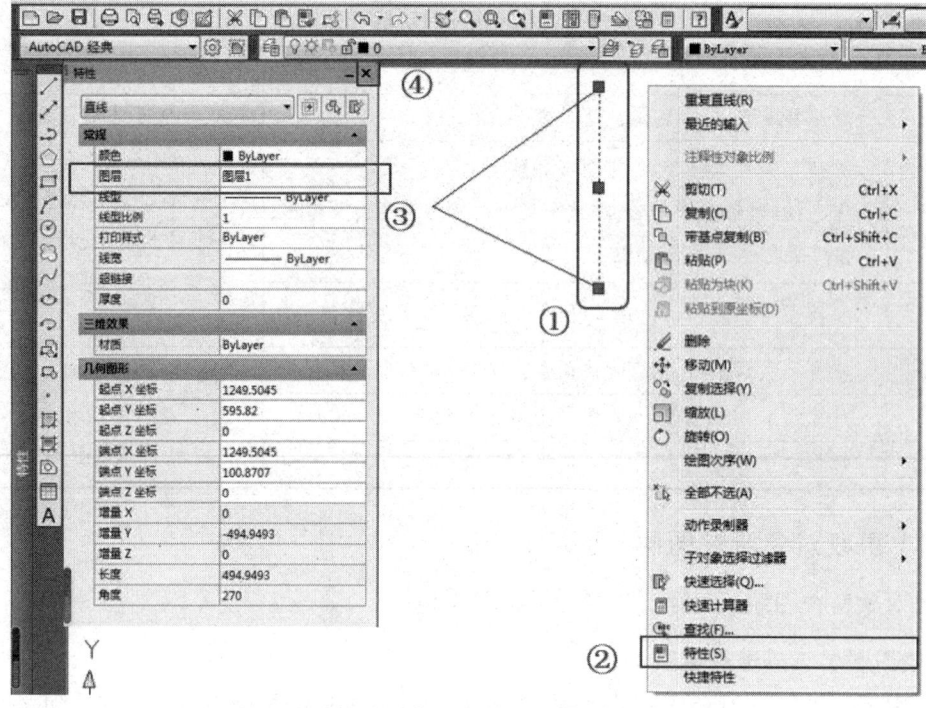

图 1-25 通过修改对象"特性"更改图形对象的图层

(五)使用图层工具管理图层

用户可以利用图层工具管理图层,执行"格式"→"图层工具"命令中的子命令,即可实现利用图层工具管理图层,如图 1-26 所示。

图 1-26 图层工具子命令

五、对象特性的管理

（一）通过图层管理对象

每个对象都有特性，部分特性是对象共有的，如图层、颜色、线型等，部分特性是对象独有的，如圆的直径、半径等。对象特性不仅可以查看，而且可以修改，甚至可以复制。

为了能快捷地绘制和修改图形，AutoCAD 提供了一个如图 1-27 所示的"特性"工具栏，利用该工具栏，可以设置图形的颜色、线型和线宽。

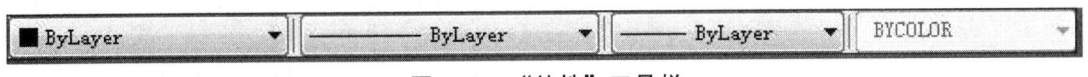

图 1-27 "特性"工具栏

1. 设置当前实体的颜色

如图 1-28 所示，在"特性"工具栏的"颜色控制"下拉列表中选择某种颜色，可改变其后待绘制实体（即当前实体）的颜色，但并不改变当前图层的颜色。

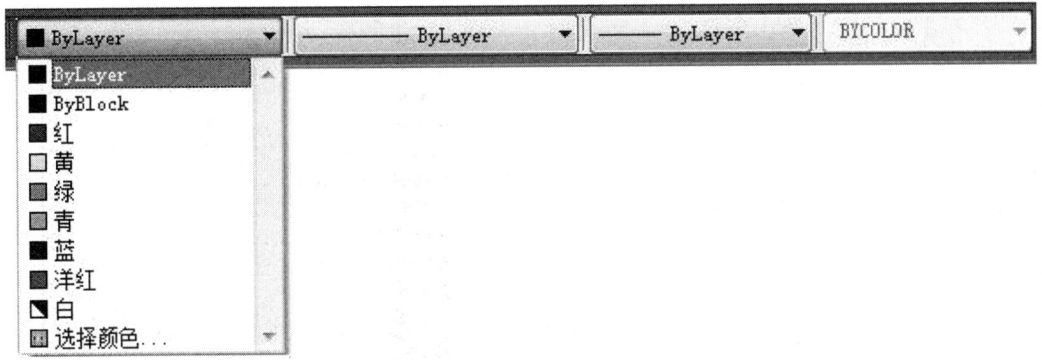

图 1-28 "特性"工具栏的"颜色控制"

"颜色控制"下拉列表中的"随层"（ByLayer）选项，表示图线的颜色是按图层本身的颜色确定。"随块"（ByBlock）选项表示图线的颜色是按图块本身的颜色确定。如果选择两者之外的颜色，随后所绘制的实体颜色将是独立的，不会随图层的变化而变化。

选择"颜色控制"下拉列表中"选择颜色..."选项，将弹出"选择颜色"对话框，可从中选择一种颜色作为当前实体的颜色。

2. 设置当前实体的线型

如图 1-29 所示，在"特性"工具栏的"线型控制"下拉列表中选择某种线型，可改变其后要绘制实体（即当前实体）的线型，但并不改变当前图层的线型。

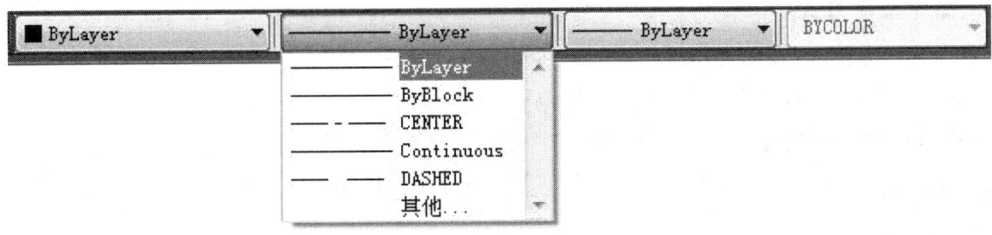

图 1-29 "特性"工具栏的"线型控制"

3. 设置当前实体的线宽

如图 1-30 所示,在"特性"工具栏的"线宽控制"下拉列表中,选择某种线宽,可改变其后要绘制实体(即当前实体)的线宽,但并不改变当前图层的线宽,最大线宽值为 2.11 mm。

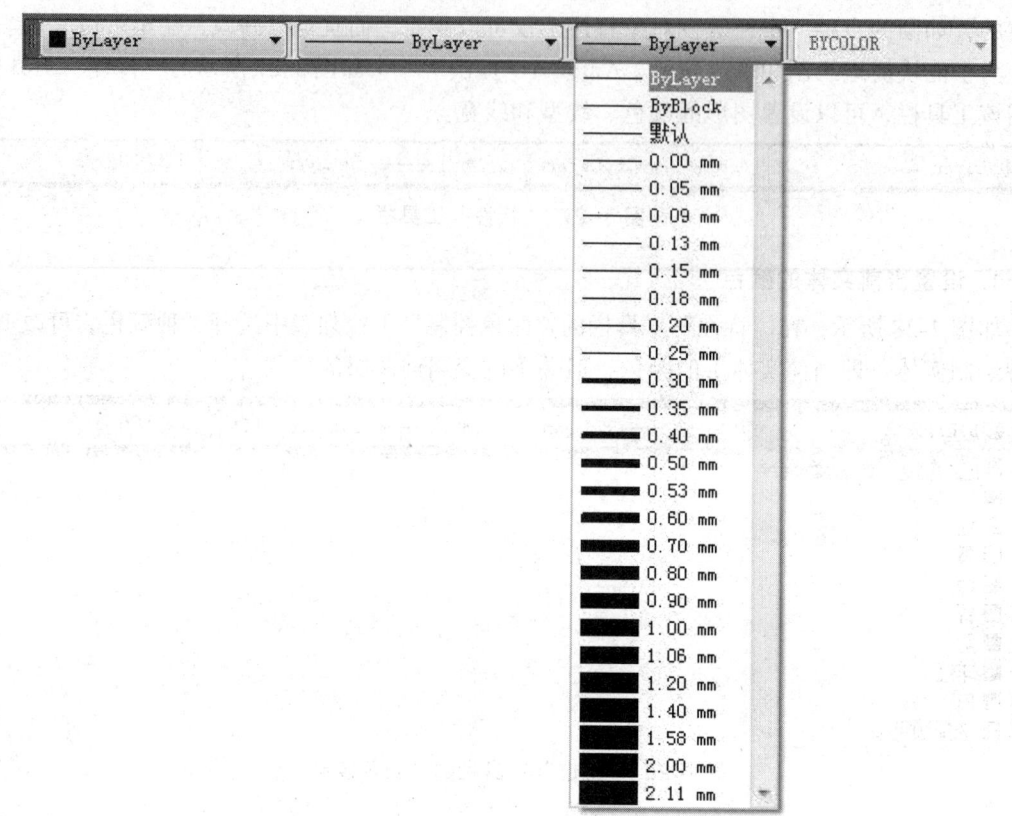

图 1-30 用"特性"工具栏设置当前实体的线宽

注意:利用上述方法设置颜色、线型和线宽时,无论选择哪一图层,所画图线的颜色、线型和线宽都不会改变。因此,绘制复杂图形时,应避免使用该方法。

(二)通过特性选项板管理对象

1. 功　能

利用"特性"对话框查看被选择对象的相关特性,并对其特性进行修改。

2. 命令激活方式

方式一:命令行:PROPERTIES(或 PR)。
方式二:执行"修改"→"特性"命令。
方式三:单击标准工具栏中 按钮。

3. 操作步骤

(1)在绘图窗口中选择一个或多个待修改的图素,单击"特性"图标 (或右击,并在弹出的下拉列表中选择"特性"选项），打开"特性"选项板，如图 1-31 所示。

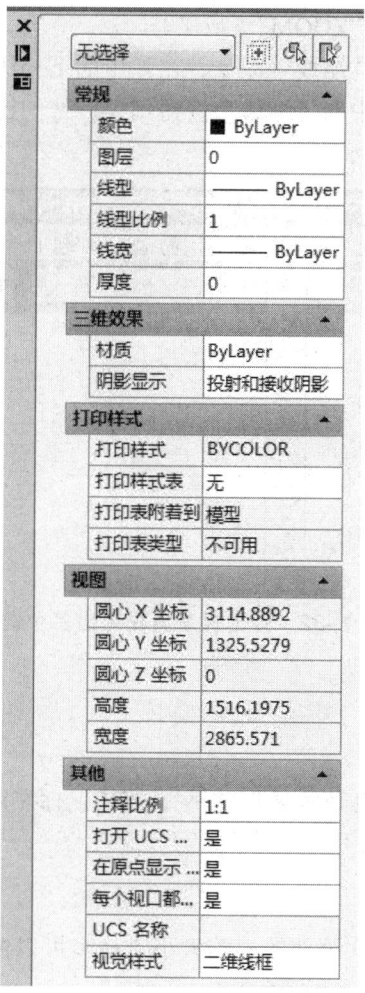

图 1-31　"特性"选项板

（2）在"特性"选项板中，单击每个类别上侧的符号▼或▲，可展开或折叠列表，可对表中的每一项内容进行修改。

任务七　控制图形显示

一、缩放视图

（一）功　能

改变图形的屏幕显示大小，但不改变图形的实际尺寸。

（二）操作方法

方法一：在命令行内输入"ZOOM"（或Z）↙。

方法二：执行"识图"→"缩放"命令，在弹出的下一级菜单中进行选择。

方法三：单击标准工具栏中的"缩放"按钮 🔍 🔍 🔍。其中，🔍 为弹出式工具栏，单击可弹出多个选项，如图1-32所示。

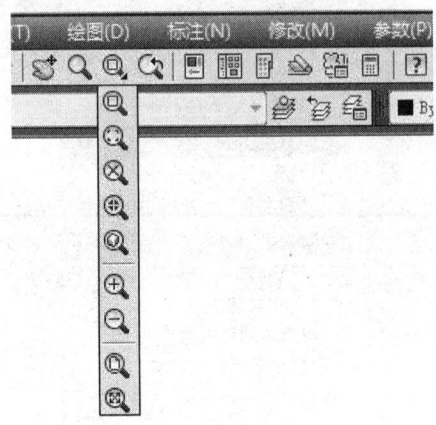

图1-32 弹出式工具栏弹出多个选项

（三）各选项的意义

1. 实时缩放 🔍

激活命令后，十字光标变为放大镜形状 🔍+，按住鼠标左键向上拖动可放大图形，向下拖动可缩小图形。

2. 缩放上一个 🔍

激活命令后，将恢复上一次缩放的视图大小，最多可以恢复此前的10个视图。

3. 窗口缩放 🔍

激活命令后，框选需要显示的图形，框选图形将充满视口。

4. 动态缩放 🔍

用一个矩形框动态改变所选择区域的大小和位置，其步骤如下：

（1）激活命令后，图形窗口出现以"×"为中心的平移视图框。

（2）将平移视图框移动到所需的位置，然后单击鼠标左键，框中的"×"消失，同时出现一个指向视图框右边的箭头，视图框变为缩放视图框。

（3）左右移动光标调整视图框大小，上下移动光标调整视图框的位置。调整完毕后，如果按<Enter>键确认，可使当前图框中的图形充满视图；如果单击鼠标左键可继续调整图框的位置和大小。

5. 比例缩放 🔍

激活命令后，在命令行"输入比例因子（nX或nXP）:"提示后输入比例值，可按指定的比例因子进行缩放。

【nX】：可根据当前视图进行缩放，如输入"2X"，将使屏幕上的每个对象放大显示为原大小的2倍。

【nXP】：相对图纸空间进行缩放，如输入"2XP"，将以图形真实大小的二倍大小显示图形，在图纸空间布图中具有实际意义。

6. 中心点缩放

重设图形的显示中心并缩放由中心点和放大比例（或高度）所定义的窗口。

激活命令后，命令行提示：

指定中心点：（指定新的显示中心点）

输入比例或高度<50.0000>：（输入新视图的缩放倍数或高度）

（1）"比例"：在输入的比例值后再输入一个"X"，例如0.5X。

（2）"高度"：直接输入高度值，高度值较小时增加放大比例，高度值较大时减小放大比例。<>内为默认高度值，直接按<Enter>键，则以默认高度缩放。

7. 对象缩放

尽可能大地显示一个或多个选择对象并使其位于绘图区域的中心。

8. 放大

使图形相对于当前图形放大一倍。

9. 缩小

使图形相对于当前图形缩小一半。

10. 全部缩放

缩放显示整个图形。如果图形对象未超出图形界限，则以图形界限显示；如果超出图形界限，则以当前范围显示。

11. 范围缩放

缩放显示所有图形对象，使图形充满屏幕，与图形界限无关。

二、平移视图

1. 功　能

移动整个图形以便更好地观察，但不改变图形对象的实际位置。

2. 命令激活方式

方式一：在命令行内输入"PAN"（或P）↙。

方式二：执行"视图"→"平移"命令，在弹出的下一级菜单中进行选择。

方式三：单击标准工具栏中"实时平移"按钮。

三、控制可见元素的显示

在AutoCAD中，图形的复杂程度会直接影响系统刷新屏幕或处理命令的速度。为了提高程序的性能，可以关闭文字、线宽或填充显示。

1. 控制填充显示

使用 FILL 变量可以打开或关闭宽线、宽多段线和实体填充。当关闭填充时，可以提高 AutoCAD 的显示处理速度，如图 1-33 所示。

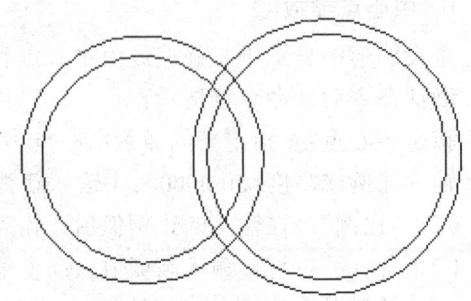

（a）打开填充模式 FILL=ON　　　　　　（b）关闭填充模式 FILL=OFF

图 1-33　控制填充显示实例

当实体填充模式关闭时，填充不可打印。但是，改变填充模式的设置并不影响显示具有线宽的对象。当修改了实体填充模式后，使用"视图"→"重生成"命令可以查看效果，且新对象将自动反映新的设置。

2. 控制线宽显示

当在模型空间或图纸空间中工作时，为了提高 AutoCAD 的显示处理速度，可以关闭线宽显示。单击状态栏上的"线宽"按钮或使用"线宽设置"对话框，可以切换线宽显示的开和关。线宽以实际尺寸打印，但在模型选项卡中与像素成比例显示，任何线宽的宽度如果超过了一个像素，就有可能降低 AutoCAD 的显示处理速度。若要使 AutoCAD 的显示性能最优，则需在图形中工作时关闭线宽显示，如图 1-34 所示。

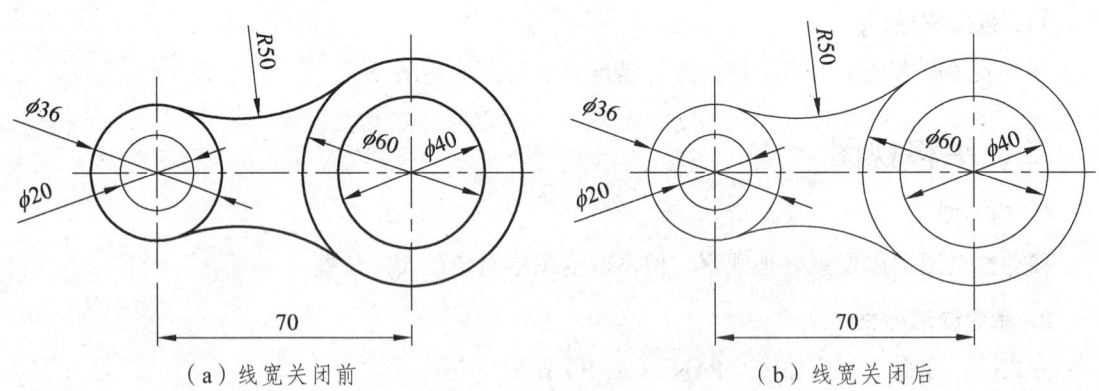

（a）线宽关闭前　　　　　　　　　　　（b）线宽关闭后

图 1-34　控制线宽显示实例

3. 控制文字快速显示

在 AutoCAD 中，可以通过设置系统变量 QTEXT 打开"快速文字"模式或关闭文字的显示，如图 1-35 所示。快速文字模式打开时，只显示定义文字的框架。

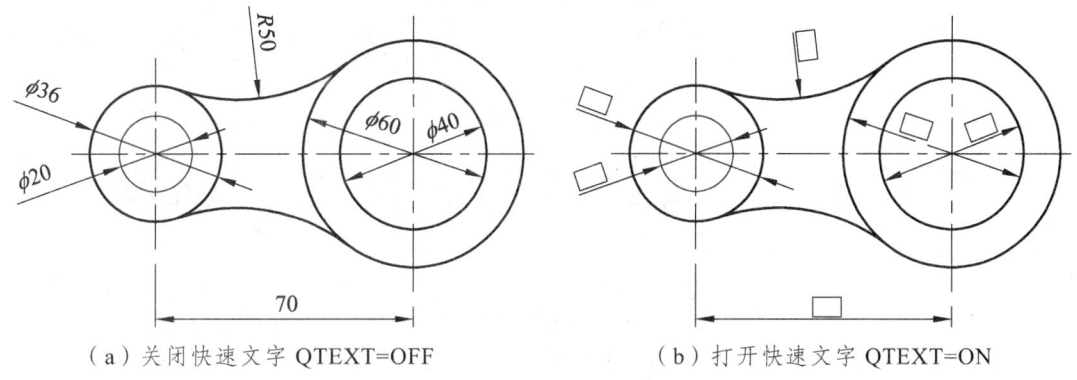

（a）关闭快速文字 QTEXT=OFF　　　　　（b）打开快速文字 QTEXT=ON

图 1-35　控制文字快速显示实例

与填充模式一样，关闭文字显示可以提高 AutoCAD 的显示处理速度。打开快速文字时，则只打开文本框而不打开文字。修改快速文字模式后，选择"视图"→"重生成"命令，便可查看文字改动效果。

思考与练习

1. 如何新建一个图形文件？模板文件有何作用？
2. 保存文件时，如何添加密码？
3. 如何加载工具栏？从工具栏启动 AutoCAD 命令与从菜单栏启动该命令其效果是一样的吗？
4. 图层"关闭""冻结"和"锁定"三者之间有何不同？
5. 图层的颜色、线型、线宽与实体的颜色、线型、线宽是同一个概念吗？
6. 新建三个图层"实线层""点画线层"和"虚线层"，它们的颜色依次为"红""蓝""绿"，线型依次"Continuous""CENTER2"和"DASHED2"。

项目二　二维图形的绘制与编辑

工程设计离不开 AutoCAD 绘图，而 AutoCAD 绘图又离不开其强大的二维绘图与编辑功能。本项目将按照通常的绘图习惯，结合大量的图形绘制实例，讲授 AutoCAD 绘图常用的绘图与编辑命令。

任务一　定点的方法

项目简介

用 AutoCAD 2010 绘图时，通常需要先定出一些点，如线段的起始点、端点、圆的圆心等。在此，介绍几种定点的方法。

一、坐标输入法

（一）绝对坐标

绝对坐标是指相对于当前坐标系原点的坐标，当用户以绝对坐标的形式输入一个点时，一般采用绝对直角坐标和绝对极坐标两种方式。

1. 绝对直角坐标

绝对直角坐标即输入点的 x，y，z 绝对坐标值，坐标间用逗号隔开。例如，要输入一个点，其 x 坐标为 5，y 坐标为 6，z 坐标为 7，则输入 5，6，7↙。其几何意义如图 2-1 所示。

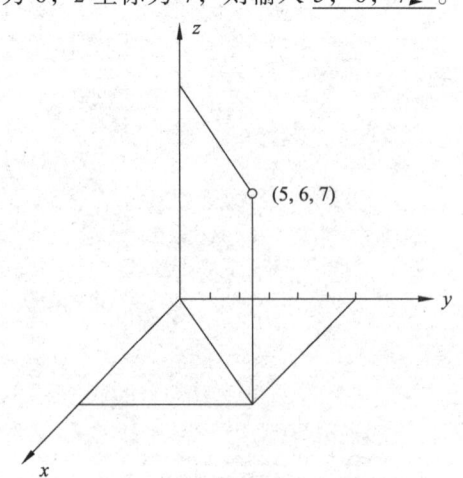

图 2-1　绝对直角坐标系

如果只输入 x，y 坐标值，而略去了 z 坐标值，则相当于输入了一个二维坐标点。

2. 绝对极坐标

绝对极坐标是对二维点而言的概念。可以通过输入某点到坐标原点的距离及此两点连线与 x 轴正向的夹角（中间用"<"隔开）以确定该点。例如某点的极坐标为"10<30"，则表示该点距坐标原点的距离为 10，且该点与坐标原点的连线与 x 轴正向的夹角为 30°。其几何意义如图 2-2 所示。

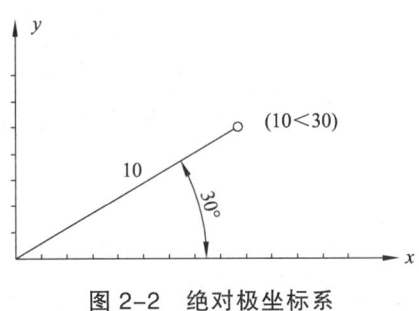

图 2-2 绝对极坐标系

（二）相对坐标

相对坐标是指某点相对于前一点的坐标。相对坐标包括相对直角坐标和相对极坐标两种形式。

1. 相对直角坐标

相对直角坐标输入的格式是"@x，y，z"，如某点相对于前一点的直角坐标为（3，5，0），则输入@3，5，0↙。

2. 相对极坐标

相对极坐标输入的格式是"@距离<角度"，如输入@10<30↙，则表示该点距前一点的距离为 10，且该点与前一点的连线与 x 轴正向的夹角为 30°。

【例 2-1】用坐标输入法绘制如图 2-3 所示矩形。

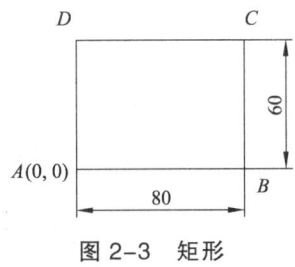

图 2-3 矩形

方法一：用绝对直角坐标绘制矩形。
单击"绘图"工具栏中的"直线"按钮 ✏。

_line 指定第一点：0，0↙（得 A 点）
指定下一点或[放弃（U）]：80，0↙（得 B 点）

指定下一点或[闭合（C）/放弃（U）]：80,60↙（得 C 点）
指定下一点或[闭合（C）/放弃（U）]：0,60↙（得 D 点）
指定下一点或[闭合（C）/放弃（U）]：0,0↙或 C↙（回到 A 点）

方法二：用相对直角坐标绘制矩形。
单击"绘图"工具栏中的"直线"按钮 。

_line 指定第一点：0,0↙（得 A 点）
指定下一点或[放弃（U）]：@80,0↙（得 B 点）
指定下一点或[闭合（C）/放弃（U）]：@0,60↙（得 C 点）
指定下一点或[闭合（C）/放弃（U）]：@-80,0↙（得 D 点）
指定下一点或[闭合（C）/放弃（U）]：@0,-60↙或 C↙（回到 A 点）

方法三：用相对极坐标绘制矩形。
单击"绘图"工具栏中的"直线"按钮 。

_line 指定第一点：0,0↙（得 A 点）
指定下一点或[放弃（U）]：@80<0↙（得 B 点）
指定下一点或[闭合（C）/放弃（U）]：@60<90↙（得 C 点）
指定下一点或[闭合（C）/放弃（U）]：@80<180↙（得 D 点）
指定下一点或[闭合（C）/放弃（U）]：@60<270↙或 C↙（回到 A 点）

【例 2-2】用坐标输入法绘制如图 2-4 所示不规则多边形。

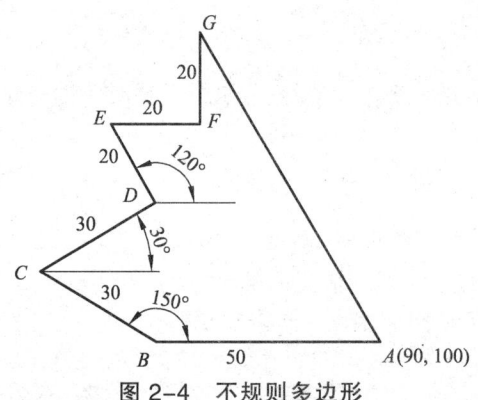

图 2-4 不规则多边形

命令：单击"绘图"工具栏中的"直线"按钮 。

_line 指定第一点：90,100↙（得 A 点）
指定下一点或[放弃（U）]：@50<180↙（得 B 点）
指定下一点或[闭合（C）/放弃（U）]：@30<150↙（得 C 点）
指定下一点或[闭合（C）/放弃（U）]：@30<30↙（得 D 点）
指定下一点或[闭合（C）/放弃（U）]：@20<120↙（得 E 点）
指定下一点或[闭合（C）/放弃（U）]：@20<0↙（得 F 点）
指定下一点或[闭合（C）/放弃（U）]：@20<90↙（得 G 点）
指定下一点或[闭合（C）/放弃（U）]：C↙（回到 A 点）

二、光标定点法

具体操作：移动十字光标到指定位置后，单击即可。

任务二　AutoCAD 绘图命令

工程设计中，复杂图形往往由多种简单的二维图形构成，如点、直线、圆、圆弧、椭圆等。因此，熟练掌握各种基本图形的绘制方法，是绘制复杂图形的基础。本任务将学习 AutoCAD 的二维图形绘制命令和操作方法。

一、直线的绘制

在 Auto CAD 中绘制直线段是最常见、最简单的操作，绘制直线段的命令是"Line"，执行一次 Line"命令，可以绘制一条线段，也可以连续绘制多条线段，但每一条线段都是相互独立的。直线段是由起点和终点来确定的。

1. 功　能

绘制二维或三维直线段。

2. 操作方法

方法一：在命令行内输入"LINE（或 L）"。
方法二：执行"绘图"→"直线"命令。
方法三：单击工具栏中"直线"按钮 ✏。

3. 说　明

（1）在执行"LINE"命令并输入起始点的位置后，出现提示"指定下　点:"，此提示重复出现，要求用户依次输入所画线段的下一个点。如在"指定下一点:"提示后按空格键或 <Enter> 键，则退出"LINE"命令。

（2）执行"LINE"命令所绘出的折线中的每一段线都是一个独立的实体，即可对每一条直线进行单独编辑操作。

（3）在绘制连续折线的过程中，在"指定下一点:"提示后输入"U"，则会撤销最后所画的一段线，且仍会出现"指定下一点:"提示，可继续绘制下一段线，这样可及时纠正绘图过程中出现的错误，且不必退出"LINE"命令，多次在"指定下一点:"提示后输入"U"，则会依次撤销多条相应的线段，直到出现"指定第一个点"的提示。

（4）在执行"LINE"命令过程中，至少在绘制完两段直线后，在"指定下一点:"提示后输入"C"，则可将本次命令的终点与起点连接起来，形成封闭图形并退出"LINE"命令。

【例 2-3】绘制如图 2-5 所示的平面图形。

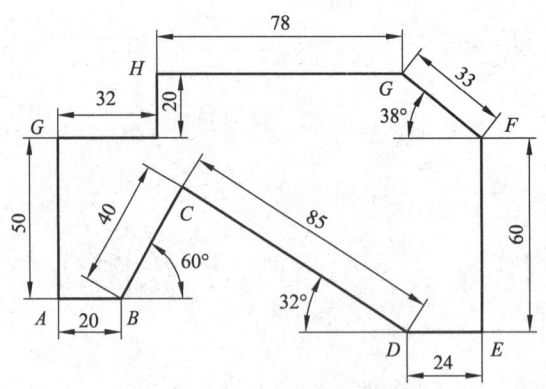

图 2-5 LINE 命令的用法

命令：单击"绘图"工具栏中的"直线"按钮 ./。

_line 指定第一点：光标直接点取 A 点（由于没有具体位置要求，所以用光标随意点取即可）
指定下一点或[放弃（U）]：鼠标放在 A 点右侧，20✓（得 B 点）
指定下一点或[闭合（C）/放弃（U）]：@40<60✓（得 C 点）
指定下一点或[闭合（C）/放弃（U）]：@85<-32✓（得 D 点）
指定下一点或[闭合（C）/放弃（U）]：鼠标放在 D 点右侧，24✓（得 E 点）
指定下一点或[闭合（C）/放弃（U）]：鼠标放在 E 点上方，60✓（得 F 点）
指定下一点或[闭合（C）/放弃（U）]：@23<142✓（得 G 点）
指定下一点或[闭合（C）/放弃（U）]：鼠标放在 G 点左侧，78✓（得 H 点）
指定下一点或[闭合（C）/放弃（U）]：鼠标放在 H 点下方，20✓（得 I 点）
指定下一点或[闭合（C）/放弃（U）]：鼠标放在 I 点左侧，32✓（得 G 点）
指定下一点或[闭合（C）/放弃（U）]：鼠标放在 G 点下方，50✓或 C✓（回到 A 点）

二、圆的绘制

圆、圆弧、椭圆、圆环都属于曲线，绘制过程比较复杂。AutoCAD 提供了强大的曲线绘制功能。利用该功能，用户可以方便地绘制圆、圆弧、椭圆等图形对象。

1. 功　能

在指定位置，根据给定条件绘制圆。

2. 操作方法

方法一：在命令行内输入"circle（或 C）"。
方法二：执行"绘图"→"圆"命令。
方法三：单击绘图工具栏中的"圆"按钮 ⊙。

3. 具体绘制方法

AutoCAD 2010 提供了 5 种绘制圆的方式，分别为"圆心、半径"法（默认）、"圆心、直径"法、"三点（3P）"法、"两点（2P）"法、"相切、相切、半径"法，下面予以详细介绍。

1)"圆心、半径"法

"圆心、半径"法是 AutoCAD 默认的绘制圆的方法,通过指定圆的圆心和半径,即可绘出指定圆。

【例 2-4】绘制如图 2-6 所示的圆。

命令:单击绘图工具栏中的"圆"按钮。

_circle 指定圆的圆心或[三点(3P)/二点(2P)/相切、相切、半径(T)]:100,100↙(给出圆心位置,也可用光标直接点取)

指定圆的半径或[直径(D)]:30↙(给出半径)

2)"圆心、直径"法

"圆心、直径"法是指通过指定圆的圆心和直径绘制圆。

【例 2-5】绘制如图 2-7 所示的圆。

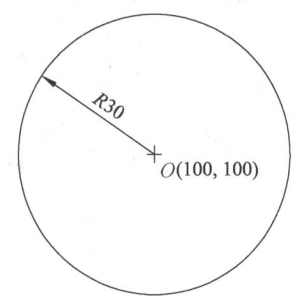 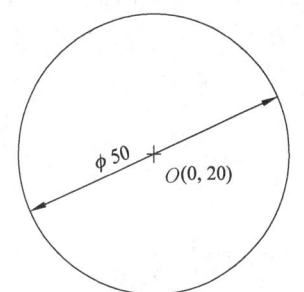

图 2-6 "圆心、半径"法画圆   图 2-7 "圆心、直径"法画圆

命令:单击绘图工具栏中的"圆"按钮。

_circle 指定圆的圆心或[三点(3P)/二点(2P)/相切、相切、半径(T)]:0,20↙(给出圆心位置,也可用光标直接点取)

指定圆的半径或[直径(D)]:D↙(选择用"圆心、直径"法绘制圆)

指定圆的直径:50↙(给出直径)

3)"三点(3P)"法

"三点(3P)"法是指用圆周上的三个点确定一个圆。单击绘图工具栏中"圆"按钮。

_circle 指定圆的圆心或[三点(3P)/二点(2P)/相切、相切、半径(T)]:3P↙(选择用"三点(3P)"法绘制圆)

指定圆上的第一个点:鼠标单击确定圆上的第一个点

指定圆上的第二个点:鼠标单击确定圆上的第二个点

指定圆上的第三个点:鼠标单击确定圆上的第三个点

4)"两点(2P)"法

"两点(2P)"法是指以圆周上的两个点确定一个圆,此两点分别为圆直径的两个端点。命令单击绘图工具栏中"圆"按钮。

_circle 指定圆的圆心或[三点(3P)/二点(2P)/相切、相切、半径(T)]:2P↙(选择用"两点(2P)"法绘制圆)

指定圆直径的第一个端点:鼠标单击圆直径的第一个端点

指定圆直径的第二个端点:鼠标单击圆直径的第二个端点

5)"相切、相切、半径"法

"相切、相切、半径"法是指用圆的两个切点及圆的半径确定一个圆。

【例 2-6】绘制如图 2-8 所示的圆,已知圆与两条直线相切。

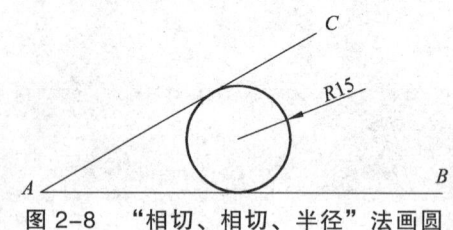

图 2-8 "相切、相切、半径"法画圆

命令:单击绘图工具栏中"圆"按钮 ⊙。

_circle 指定圆的圆心或[三点(3P)/二点(2P)/相切、相切、半径(T)]:T↙(选择用"相切、相切、半径"法绘制圆)

指定对象与圆的第一个切点:鼠标拾取 AB 线为第一个对象

指定对象与圆的第二个切点:鼠标拾取 AC 线为第二个对象

指定圆的半径:15↙(给出半径)

三、圆弧的绘制

1. 功 能

绘制给定参数的圆弧。

2. 操作方法

方法一:在命令行内输入"arc(或 A)"。

方法二:执行"绘图"→"圆弧"命令。

方法三:单击绘图工具栏中"圆弧"按钮 ⌒。

3. 圆弧的绘制方式

AutoCAD 2010 提供了 11 种绘制圆弧的方式,常用的有以下 6 种:

(1)通过指定三点绘制圆弧的方法:确定弧的起点位置,再确定第二点的位置,最后确定第三点的位置。

(2)通过指定起点、圆心、端点绘制圆弧。

(3)已知起点、中心点和端点,可以首先通过指定起点或中心点绘制圆弧,中心点是指圆弧所在圆的圆心。

(4)通过指定起点、圆心、角度绘制圆弧,如果存在可以捕捉到的起点和圆心点,并且已知包含角度,使用"起点,圆心,角度"或"圆心,起点,角度"方法。

(5)如果已知两个端点但无法捕捉到圆心,可以使用"使用,端点,角度"法。

(6)通过指定起点、圆心、长度绘制圆弧,如果可以捕捉到的起点和中心点,且已知弦长,可使用"起点,圆心,长度"或"圆心,起点,长度"方法(弧的弦长决定包含角度)绘制。

【例 2-7】绘制如图 2-9 所示的圆弧 AB。

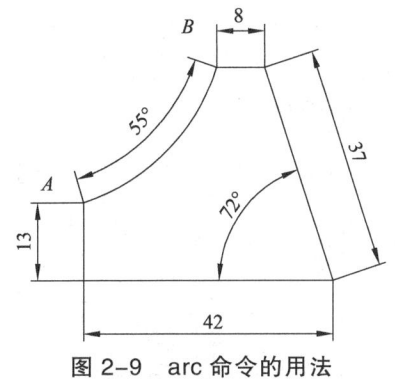

图 2-9　arc 命令的用法

命令：单击绘图工具栏中"圆弧"按钮 ![arc]。

_arc 指定圆弧的起点或[圆心（C）]：鼠标拾取 A 点（指定圆弧的起点）
指定圆弧的第二个点或[圆心（C）/端点（E）]：E↵（选择指定圆弧的端点）
指定圆弧的端点：鼠标拾取 B 点（指定圆弧的端点）
指定圆弧的圆心或[角度（A）/方向（D）/半径（R）]：A↵（选择指定圆弧的角度）
指定包含角：55↵（指定圆弧的包含角）

注意：AutoCAD 默认逆时针绘制圆弧，若本例中起点选为 B，端点为 A，则会在 A、B 两点间绘出一条优弧。

四、椭圆的绘制

1. 功　能

绘制椭圆或椭圆弧。

2. 操作方法

方法一：在命令行内输入"ellipse（或 EL）"。
方法二：执行"绘图"→"椭圆"命令。
方法三：单击绘图工具栏中"椭圆"按钮 ◯。

3. 绘制椭圆的两种方法

（1）"中心点"法：通过指定椭圆中心、一个轴的端点（主轴）以及另一个轴的半轴长度绘制椭圆，如图 2-10（a）所示。

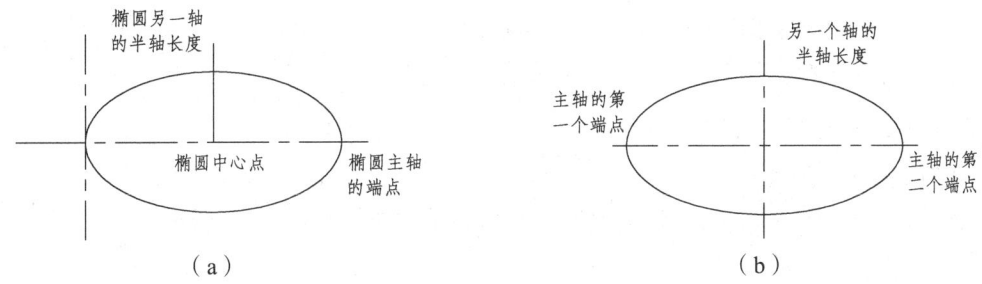

图 2-10　绘制椭圆的两种方法

（2）"轴、端点"法（默认）：通过指定一个轴的两个端点（主轴）和另一个轴的半轴长度绘制椭圆，如图2-10（b）所示。

【例2-8】绘制如图2-11所示的椭圆。

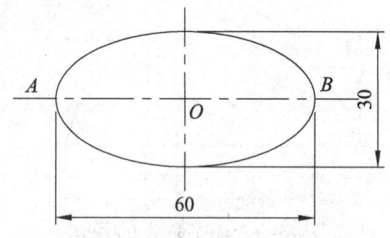

图2-11　ellipse命令的用法

方法一：用"轴、端点"法绘制椭圆。

命令：单击绘图工具栏中"椭圆"按钮⬭。

指定椭圆的轴端点或[圆弧（A）/中心点（C）]：光标任意点取一点（给定A点）
指定轴的另一端点：打开正交模式，将光标置于A点右侧，60↙（给定B点）
指定另一条半轴长度或[旋转（R）] 15↙

方法二：用"中心点"法绘制椭圆。

命令：单击绘图工具栏中椭圆按钮⬭。

指定椭圆的轴端点或[圆弧（A）/中心点（C）]：C↙（选择输入中心点）
指定椭圆的中心点：光标任意点取一点（给定中心点O）
指定轴的端点：打开正交模式，将光标置于O点右侧，30↙（给定主轴端点B点）
指定另一条半轴长度或[旋转（R）] 15↙

五、正多边形的绘制

AutoCAD中可以精确绘制边数为3～1024的正多边形，并提供了边长、内接圆、外切圆3种绘制方式。该功能绘制的正多边形是封闭的单一实体。

1. 功　能

按指定方式绘制正多边形。

2. 操作方法

方法一：在命令行内输入"polygon（或POL）"。

方法二：执行"绘图"→"正多边形"命令。

方法三：单击绘图工具栏中"正多边形"按钮⬠。

3. 绘制正多边形的方法

1）"内接于圆"法

"内接于圆"表示绘制的多边形内接于假想的圆，如图2-12（a）所示。

2）"外切于圆"法

"外切于圆"表示绘制的多边形外切于假想的圆，如图2-12（b）所示。

3)"边"法

"边"法通过指定一条边绘制正多边形,如图2-12(c)所示。

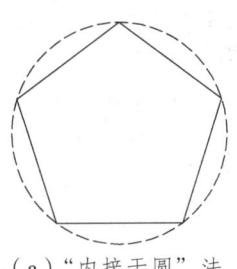 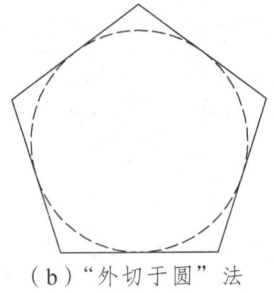 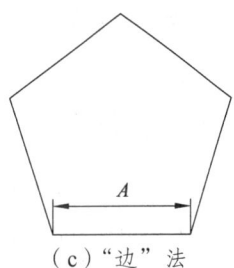

(a)"内接于圆"法　　　　(b)"外切于圆"法　　　　(c)"边"法

图2-12　绘制正多边形的方法

【例2-9】绘制如图2-13所示的三个正多边形。

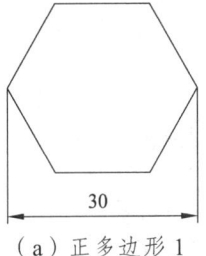 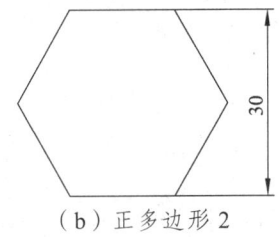 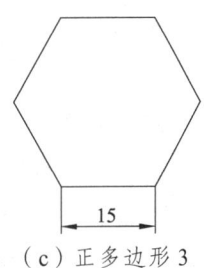

(a)正多边形1　　　　(b)正多边形2　　　　(c)正多边形3

图2-13　polygon命令的用法

分析各图的尺寸标注可知,图2-13(a)图需用"内接于圆"法,图2-13(b)图需用"外切于圆"法,图2-13(c)图需用"边"法。各图的绘制命令如下:

(1)正多边形1。

单击绘图工具栏中"正多边形"按钮⬠。

_polygon 输入边的数目<4>:6↙
指定正多边形的中心点或[边(E)]:光标任意点取一点(指定正多边形的中心点)
输入选项[内接于圆(I)/外切于圆(C)]<I>:↙(选择默认方式——"内接于圆")
指定圆的半径:15↙(输入半径长度)

(2)正多边形2。

单击绘图工具栏中"正多边形"按钮⬠。

_polygon 输入边的数目<4>:6↙
指定正多边形的中心点或[边(E)]:光标任意点取一点(指定正多边形的中心点)
输入选项[内接于圆(I)/外切于圆(C)]<I>:C↙(选择"外切于圆")
指定圆的半径:15↙(输入半径长度)

(3)正多边形3。

单击绘图工具栏中"正多边形"按钮⬠。

_polygon 输入边的数目<4>:6↙
指定正多边形的中心点或[边(E)]:E↙(选择"边")
指定边的第一个端点:光标任意点取一点(指定边的第一个端点)
指定边的第二个端点:将光标置于上一点的右侧,15↙(指定边的第二个端点)

六、矩形的绘制

矩形是图形绘制的常见元素之一，该功能绘制出的矩形为封闭的单一实体。启动"Rectangle"命令后，只需先后确定举行对角线上的两个点便可绘制。可以通过光标直接在屏幕上点取，也可以输入坐标。选择这两个点时无顺序要求，用户可以从左到右选取，也可以从右到左选取。

1. 功　能

按指定方式绘制矩形。

2. 操作方法

方法一：在命令行内输入"rectang n（或 REC）"。
方法二：执行"绘图"→"矩形"命令。
方法三：单击绘图工具栏中"矩形"按钮▭。

3. 绘制矩形的方法

绘制矩形的方法如下：

1）角点法

角点法是通过指定矩形的两个角点完成绘制矩形，如图 2-14（a）所示。

2）尺寸法

尺寸法是通过指定矩形的长宽尺寸完成绘制矩形，如图 2-14（b）所示。

3）面积法

面积法是通过指定矩形的面积完成绘制矩形，如图 2-14（c）所示。

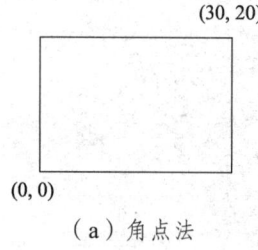　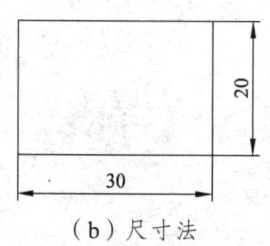　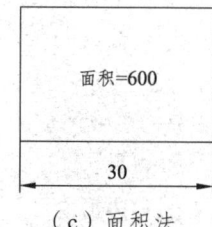

（a）角点法　　　　（b）尺寸法　　　　（c）面积法

图 2-14　绘制矩形的方法

【例 2-10】绘制如图 2-15 所示的图形。

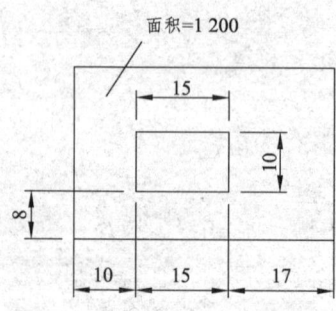

图 2-15　rectang 命令的用法

（1）绘制外部矩形。

单击绘图工具栏中的"矩形"按钮▭。

指定第一个角点或[倒角（C）/标高（E）/圆角（F）/厚度（T）/宽度（W）]：光标任意点取一点（指定矩形的第一个角点）

指定另一个角点或[面积（A）/尺寸（D）/旋转（R）]：A↙（选择面积法）

输入以当前单位计算的矩形面积<100.0000>：1200↙（给定面积）

计算矩形标注时依据[长度（L）/宽度（W）]<长度>：↙（选择默认选项——指定长度）

输入矩形长度<15.0000>：42↙（给定矩形长度）

（2）绘制内部矩形。

通过作辅助线找到内部矩形的左下角点，该步骤由读者自行完成。

单击绘图工具栏中的"矩形"按钮▭。

指定第一个角点或[倒角（C）/标高（E）/圆角（F）/厚度（T）/宽度（W）]：光标点选矩形的左下角点（指定矩形的第一个角点）

指定另一个角点或[面积（A）/尺寸（D）/旋转（R）]：D↙（选择尺寸法）

指定矩形的长度<10.0000>：15↙（给定矩形的长度）

指定矩形的宽度<10.0000>：10↙（给定矩形的宽度）

指定另一个角点或[面积（A）/尺寸（D）/旋转（R）]：将光标置于矩形第一个角点的右上方，单击鼠标（指定另一个角点）

单击绘图工具栏中▭按钮后，若不指定第一点，而直接输入C↙，并按要求指定矩形的第一个倒角距离和矩形的第二个倒角距离，便可绘出一个带有倒角的矩形，如图2-16（a）所示。同理，若直接输入其他命令，并按要求进行操作，则可绘制出圆角矩形[见图2-16（b）]、有宽度矩形[见图2-16（c）]及有厚度矩形[见图2-16（d）]。

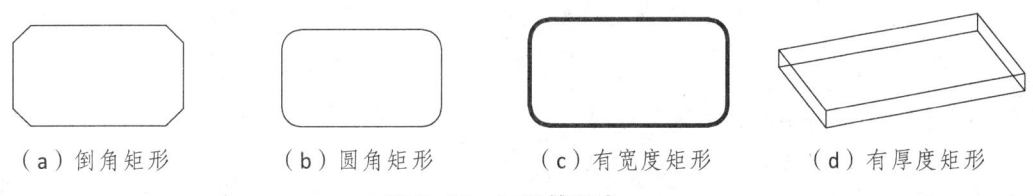

（a）倒角矩形　　　（b）圆角矩形　　　（c）有宽度矩形　　　（d）有厚度矩形

图2-16　矩形的形式

七、多段线的绘制

多段线是一种非常有用的线段对象，它是由多段直线或圆弧组成的一个组合体。这些直线或圆弧既可以一起编辑，也可以分别编辑，还可以具有不同的宽度。利用该功能，可以绘制出不同宽度、厚度、标高和线型的直线、圆弧、渐尖的直线等。多段线有一些独特的优点，当使用"Line"命令绘制不规则形状的对象时，每条线段都是一个独立的对象。但使用多段线绘制时，每条线只是整个对象的一部分。

1．功　能

作为单个对象创建相互连接的序列线段，绘出的对象是一个整体。多段线可以创建直线段、弧线段或两者的组合线段。

2. 操作方法

方法一：在命令行内输入"pline（或 PL）""。
方法二：执行"绘图"→"多段线"命令。
方法三：单击绘图工具栏中"多段线"按钮。

3. 绘制步骤

（1）单击绘图工具栏中"多段线"按钮。
（2）用鼠标左键确定多段线的起点。
（3）根据命令行的提示修改线宽 W↙→起点宽度→端点宽度（圆弧（A）：可画出弧线；直线（L）：可画出直线）。
（4）拖动鼠标给以线段的方向，直接拖出线段长度，按<Enter>键确定。

【例 2-11】绘制如图 2-17 所示的图形。

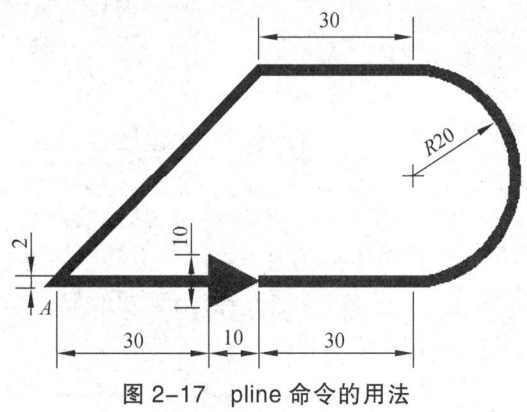

图 2-17　pline 命令的用法

命令如下：

单击绘图工具栏中"多段线"按钮。

指定起点：用鼠标指定任意点为起 A 点
指定下一点或[圆弧（A）/闭合（C）/半宽（H）/长度（L）/放弃（U）/宽度（W）]：W↙
指定起点宽度<0.0000>：2↙
指定端点宽度<2.0000>：↙
指定下一点或[圆弧（A）/闭合（C）/半宽（H）/长度（L）/放弃（U）/宽度（W）]：30↙
指定下一点或[圆弧（A）/闭合（C）/半宽（H）/长度（L）/放弃（U）/宽度（W）]：W↙
指定起点宽度<2.0000>：10↙
指定端点宽度<10.0000>：0↙
指定下一点或[圆弧（A）/闭合（C）/半宽（H）/长度（L）/放弃（U）/宽度（W）]：10↙
指定下一点或[圆弧（A）/闭合（C）/半宽（H）/长度（L）/放弃（U）/宽度（W）]：W↙
指定起点宽度<0.0000>：2↙
指定端点宽度<2.0000>：↙
指定下一点或[圆弧（A）/闭合（C）/半宽（H）/长度（L）/放弃（U）/宽度（W）]：30↙

指定下一点或[圆弧（A）/闭合（C）/半宽（H）/长度（L）/放弃（U）/宽度（W）]：A↙

指定圆弧的端点或[角度（A）/圆心（CE）/闭合（CL）/方向（D）/半宽（H）/直线（L）/半径（R）/第二个点（S）/放弃（U）/宽度（W）]：CE↙（选择圆心方式画圆弧）

指定圆弧的圆心：@0，20↙（用相对直角坐标确定半圆的圆心）

指定圆弧的端点或[角度（A）/长度（L）]：A↙

指定包含角：180↙（角度逆时针为正）

指定圆弧的端点或[角度（A）/圆心（CE）/闭合（CL）/方向（D）/半宽（H）/直线（L）/半径（R）/第二个点（S）/放弃（U）/宽度（W）]：L↙（选择画直线模式）

指定下一点或[圆弧（A）/闭合（C）/半宽（H）/长度（L）/放弃（U）/宽度（W）]：30↙

指定下一点或[圆弧（A）/闭合（C）/半宽（H）/长度（L）/放弃（U）/宽度（W）]：C↙

八、点的绘制

点是图样中最基本的元素。在 AutoCAD 中，可以通过"单点""多点""定数等分"和"定距等分"4 种方法创建点对象。

1. 设置点样式

为了使图形中的点具有较好的可见性，绘制点前通常需要设置点样式。命令激活方式如下：

命令行：DDPTYPE↙。

菜单栏：格式→点样式。

按操作步骤激活命令后，屏幕弹出如图 2-18 所示的"点样式"对话框，从中可以对点样式和点大小进行设置。默认情况下，点样式为"小圆点"样式。当选择"相对于屏幕设置大小"选项时，表示按屏幕尺寸的百分比设置点的显示大小；当进行缩放时，点的显示大小并不改变；当选择"按绝对单位设置大小"选项，表示按指定的实际单位设置点显示的大小，原来点大小处的"%"变为"单位"。当进行缩放时，点的显示大小随之改变。

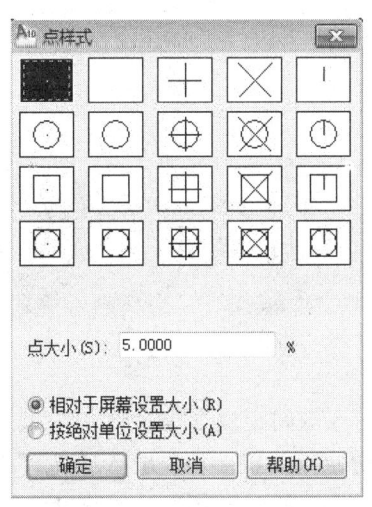

图 2-18 "点样式"对话框

2. 绘制单点

执行一次命令，只能绘制一个点。

（1）命令激活方式：

命令行：point（或 po）↙。

菜单栏：绘图→点→单点。

（2）操作步骤

操作步骤激活命令后，命令行提示：

当前点模式：PDMODE=35　PDSIZE=5.0000

指定点：20，60↙（也可通过鼠标指定点）

执行结果：在坐标值（20，60）处绘制了一个点，此时命令行将回到 Command 命令状态。

在绘制点时，命令行提示的"PDMODE"和"PDSIZE"系统变量显示了当前状态下点的样式和大小，其中系统变量"PDSIZE"与图 2-18 中点的绝对大小一致。

3. 绘制多点

执行一次命令，可连续绘制多个点。

（1）命令激活方式：

菜单栏：绘图→点→多点。

"绘图"工具栏：　（点）按钮。

（2）操作步骤

操作与绘制单点相同，但绘制了一个点后命令行状态保持不变，可以继续绘制多个点，直到按<Esc>键结束命令。

4. 绘制定数等分点

定数等分点，是在 Auto CAD 中通过分点将某个图形对象分为指定数目的几个部分，各个等分点之间的间距相等，且大小由对象的长度和等分点的个数来决定。使用定数等分点，可以按指定的分段数等分线、圆弧、样条曲线、圆、椭圆和多段线。

（1）命令激活方式：

命令行：divide（或 div）↙。

菜单栏：绘图→点→定数等分。

（2）操作步骤：

操作步骤激活命令后，命令行提示：

选择要定数等分的对象：（选择要等分的对象，并按<Enter>键确认）。

输入线段数目或[块（B）]：（可输入 2～32 767 间的数值或输入选项，并按<Enter>键确认）。

执行结果：将所选对象分为 n 等分。

选项说明：

● "线段数目"：沿选定对象等间距放置点对象。

● "块（B）"：如果在等分点上放置图块，输入"B↙"，将沿选定对象等间距放置图块。

【例 2-12】绘制如图 2-19（a）所示的图形，并将其 5 等分。

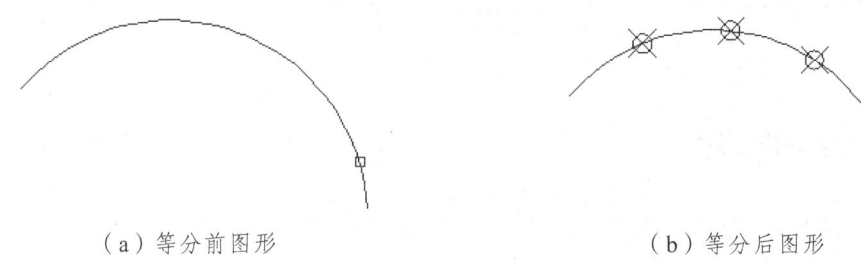

（a）等分前图形　　　　　　　　　　（b）等分后图形

图 2-19　用点定数等分对象

命令如下：

命令行中输入 div 或在菜单栏中选择"绘图→点→定数等分"命令。

选择要定数等分的对象：选择图 2-19（a）所示曲线段，并按<Enter>键确认。

输入线段数目或[块（B）]：5↙

将曲线段等分为 5 等分，如图 2-19（b）所示。

5．绘制定距等分点

定距等分点，就是按照某个特定的长度对图形对象进行划分标记，特定长度可在命令执行过程中指定。当对象不是特定长度的整倍数时，AutoCAD 软件会先按指定长度划分，最后放置点到对象的端点的距离小于特定长度。

（1）命令激活方式：

命令行：measure（或 me）↙。

菜单栏：绘图→点→定距等分。

（2）操作步骤：

操作步骤激活命令后，命令行提示：

选择要定距等分的对象：（选择要等分的对象，并按<Enter>键确认）

指定线段长度或[块（B）]：（输入线段长度数值，并按<Enter>键确认）

【例 2-13】绘制长度为 70 mm 的水平线，并按每 20 mm 一段进行定距等分。

（a）定距等分前直线　　　　　　　　　　（b）定距等分后直线

图 2-20　用点定距等分对象

命令如下：

命令行中输入 me 或在菜单栏中选择"绘图→点→定距等分"命令。

选择要定距等分的对象：按图 2-20（a）所示选择直线，并按<Enter>键确认

指定线段长度或[块（B）]：20↙

将直线定距等分，如图 2-20（b）所示。

注意：

如果所分对象的总长不能被指定间距整除，一定会剩下一段距离，这段距离到底在等分对象的哪一侧呢？Auto CAD 中并没有规定，而是在系统提示"选择要定距等分的对象"时，

默认以靠近选择点这一侧的端点作为等分起始位置，剩下的一段距离在远离选择点一侧，如图 2-20 所示。

九、面域的创建

面域可以看成一张没有厚度的纸，相当于一个有边界的平面区域。在 Auto CAD 中，面域既可以是由圆、椭圆、多边形等封闭的图形转变而来的，也可以是由圆弧、直线、多段线、椭圆弧以及样条曲线等构成的封闭区域。

1. 面域创建方式

（1）命令行：region（或 reg）↙。

（2）菜单栏：绘图"→面域。

（3）"绘图"工具栏：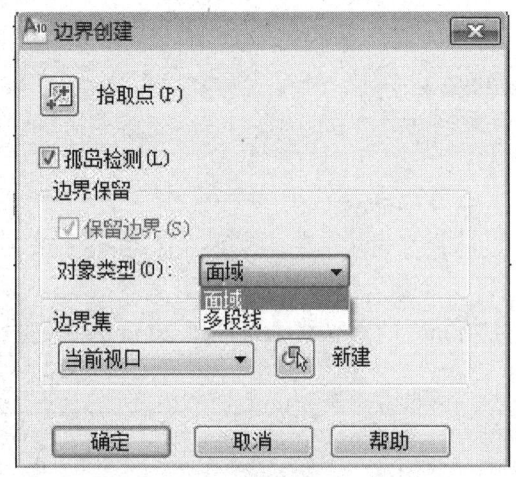（面域）按钮。

（4）菜单栏：绘图"→边界，弹出"边界创建"对话框，如图 2-21 所示，在对象类型中选择"面域"，然后单击"确定"按钮。

注意：在边界创建过程中，如果选择的图形不是闭合的，则系统会警告提示边界定义错误，没能找到有效的图案填充边界。

图 2-21 "边界创建"对话框

任务三 AutoCAD 编辑命令

相较于手工绘图，计算机绘图最大的优势在于其强大的图形编辑功能。在绘制复杂图形时，仅靠绘图工具是远远不够的，还需要借助 AutoCAD 提供的常用编辑功能来提高绘图速度，包括删除、移动、旋转、复制、镜像、修剪、延伸、拉伸等。

一、选择和删除

使用 AutoCAD 绘图时，不可避免地会出现错误绘制，这就需要选择和删除错误的图形。此外，在绘制复杂图形的过程中，不仅需要添加辅助图形，绘制完成后还需要删除辅助图形。

（一）选择图形的方式

选择图形的方式有三种，分别为单选方式、W 包含窗口方式及 C 交叉窗口方式。

1. 单选方式

单选方式是指单击一次只能选择一个对象，再单击一次可再选择一个对象。将十字光标放置到待选择的对象上时，对象将以粗虚线形式显示，如图 2-22 中的圆形，单击该对象即可将其选中，选中后以虚线形式显示，如图 2-22 中的矩形。

2. W 包含窗口方式

将十字光标置于待选择对象的左上方，单击鼠标，然后向右下方拖拽鼠标，拉出一个边线为实线、半透明的蓝色矩形选择框，如图 2-23 所示，此时单击鼠标，只有完全包含在选择框之内的图形（即矩形）被选中，而与选择框交叉的图形（即圆形）则不能被选中。

3. C 交叉窗口方式

将十字光标置于待选择对象的右下方，单击鼠标，然后向左上方拖拽鼠标，拉出一个边线为虚线、半透明的绿色矩形选择框，如图 2-24 所示，此时单击鼠标，则完全包含在选择框之内的图形（即矩形）和与选择框交叉的图形（即圆形）均被选中。

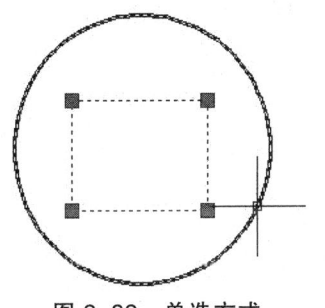
图 2-22 单选方式

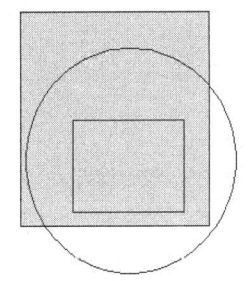
图 2-23 W 包含窗口方式

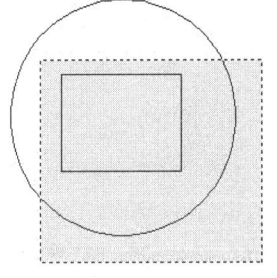
图 2-24 C 交叉窗口方式

（二）删除图形的方式

删除图形的三种方式分别如下：

（1）选择待删除的对象后，单击修改工具栏上的"删除"按钮 ![] （或 e↙）。
（2）直接拾取待删除的对象后，按键盘上的<Delete>键。
（3）直接拾取待删除的对象后右击，在弹出的快捷菜单栏中执行"删除"命令。

二、复制命令（copy）

为减少相同图形的绘制工作量，往往会用到复制命令。复制命令，可以在保留原有对象的基础上，将选中的对象复制到图中其他位置。

1. 功 能

复制命令是将指定实体进行一次或多次拷贝。

2. 命令激活方式

方法一：在命令行内输入 copy（或 CO）。

方法二：执行"修改"→"复制"命令。

方法三：单击修改工具栏中的"复制"按钮。

3. 操作方法

如图 2-25 所示，把以 A 点为圆心的圆分别复制到以 B 点和 C 点为圆心的位置上，命令如下：

单击修改工具栏中"复制"按钮。

选择对象：选择圆 A↙（若需一次复制多个对象，则可以继续选择，选择结束时按<Enter>键结束选择）

指定基点或[位移（D）/模式（O）]<位移>：选择圆心 A 点

指定第二个点或<使用第一个点做位移>：单击 B 点

指定第二个点或 [退出（E）/放弃（U）]<退出>：单击 C 点

指定第二个点或 [退出（E）/放弃（U）]<退出>：↙

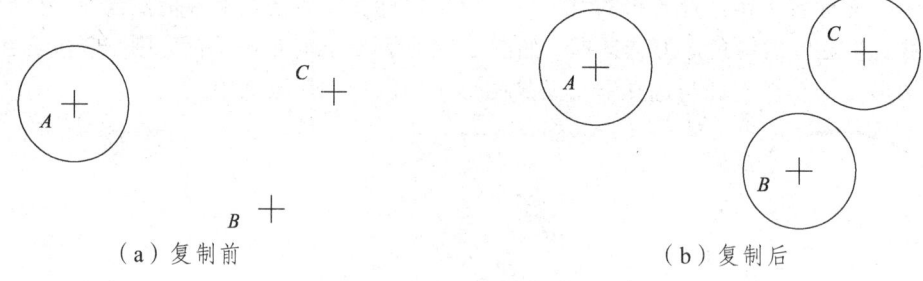

（a）复制前　　　　　　　　　　　（b）复制后

图 2-25　复制命令的用法

三、镜像命令（mirror）

1. 功 能

镜像命令通常用于绘制对称图形，如图 2-26 所示。

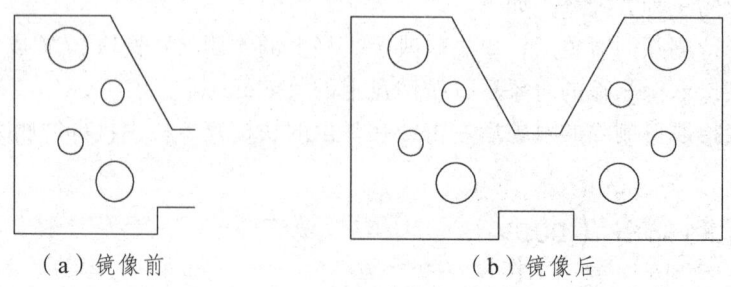

（a）镜像前　　　　　　（b）镜像后

图 2-26　镜像图形

2. 命令激活方式

方法一：在命令行内输入 mirror（或 MI）。
方法二：执行"修改"→"镜像"命令。
方法三：单击修改工具栏中的"镜像"按钮 。

3. 操作步骤

使用"镜像"命令绘制对称图形的操作步骤如下：
（1）画好对称图形的一半。
（2）单击修改工具栏中"镜像"按钮 （或采用其他两种操作方法）。
（3）选择所需对称的对象，按回车键确定。
（4）分别指定镜像线（即轴线）的第一点、第二点，按<Enter>键确定。

【例2-14】利用 mirror（镜像）命令绘制如图2-27所示的图形。
（1）利用直线（line）、圆（circle）、复制（copy）等命令绘制左半部分图形，如图2-28所示，该步骤由读者自行完成。

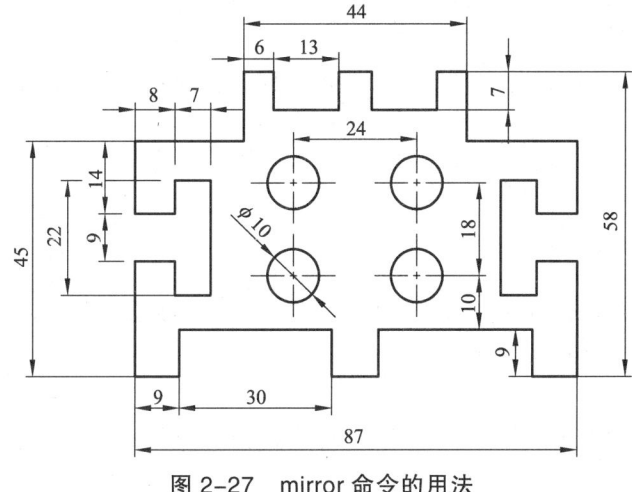
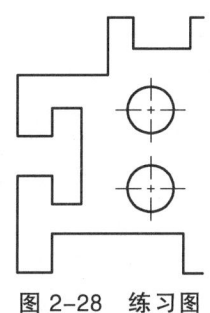

图 2-27　mirror 命令的用法　　　图 2-28　练习图

（2）右半部分绘制命令如下：
单击修改工具栏中的"镜像"按钮 （或采用其他两种操作方法）。

选择对象：框选左半部分所有对象
选择对象：✓（若一次未选择全部对象，则可以继续选择，选择结束时可按<Enter>键结束选择）
指定镜像线的第一点：单击指定轴线的上端点
指定镜像线的第二点：单击指定轴线的下端点
要删除源对象吗？[是（Y）/否（N）] <N>：✓（选择默认项——不删除源对象，若需删除源对象，输入"Y"后按<Enter>键确定）

四、偏移（offset）

1. 功　能

偏移是对指定的实体（直线、圆、圆弧）作等距离的拷贝，如图2-29所示。

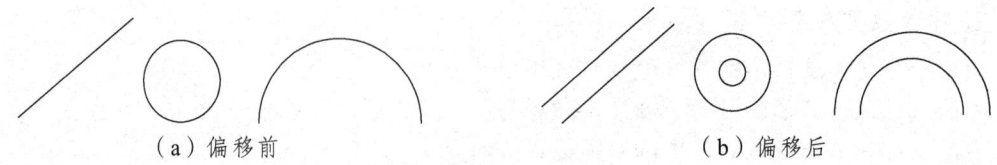

(a) 偏移前　　　　　　　　　　　　（b) 偏移后

图 2-29　偏移图形

2. 命令激活方式

方法一：在命令行内输入 offset（或 O）。

方法二：执行"修改"→"偏移"命令。

方法三：单击修改工具栏中的"偏移"按钮 ⌓。

3. 操作步骤

使用"偏移"命令绘制对称图形的操作步骤如下：

（1）绘制源对象。

（2）单击修改工具栏中"偏移"按钮 ⌓（或采用其他两种操作方法）。

（3）指定偏移距离，按<Enter>键确定。

（4）指定要偏移的那一侧上的点，将鼠标移动至偏移方向一侧，系统会自动出现偏移线条，单击确定。

若需等距离拷贝多个对象，重复步骤（3）、（4）即可。

4. 偏移方式

1）距离方式

偏移方式是指定偏移距离，然后指定要偏移的那一侧上的点（此点不必是等距线要通过的点），以确定等距线的方位，如图 2-30（a）所示。

2）通过点方式

通过点方式是输入"T"（以通过点方式绘制等距线），然后选择要偏移的对象，最后指定通过点，即可绘出等距线，如图 2-30（b）所示。

(a) 距离方式　　　　　　　　　　　　（b) 通过点方式

图 2-30　offset 命令的用法

五、阵列（array）

阵列命令可以绘制多个水平或竖直方向的等间距分布对象，或围绕一个中心旋转的图形。

1. 功　能

阵列主要用来创建多个相同的对象。

2. 命令激活方式

方法一：在命令行内输入 array（或 AR）。

方法二：执行"修改"→"阵列"命令。

方法三：单击修改工具栏中"阵列"按钮 。

3. 操作步骤

1）矩形阵列

矩形阵列是指将对象按行列方式进行排列，如图 2-31 所示。

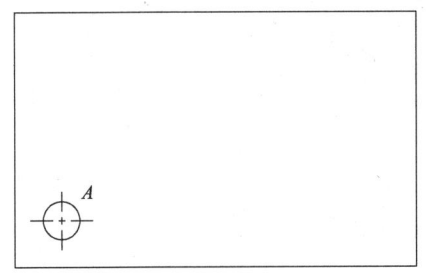

（a）阵列前　　　　　　　　　　　　（b）阵列后

图 2-31　"矩形阵列"命令的用法

操作步骤如下：

（1）绘制源对象（圆 A）。

（2）单击修改工具栏中"阵列"按钮 （或采用其他两种操作方法）。

（3）在弹出的"阵列"对话框中执行如图 2-32 所示的操作。

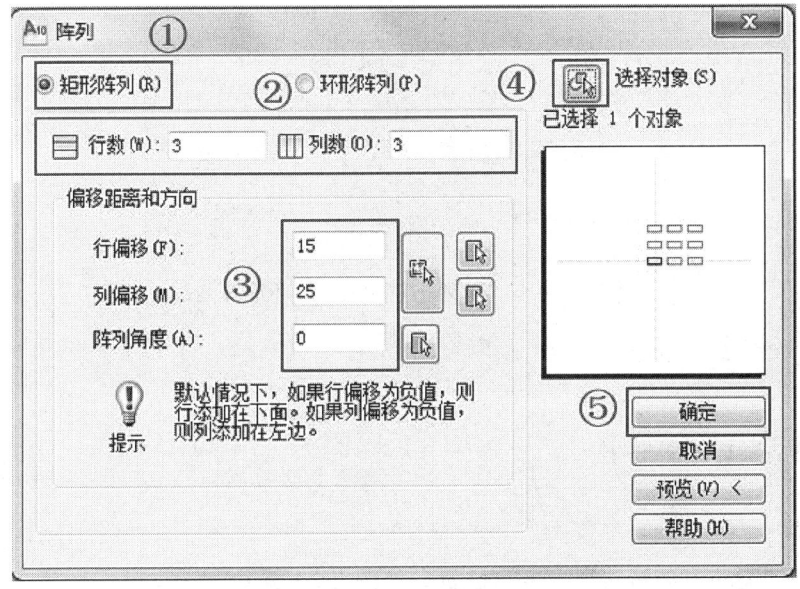

图 2-32　"阵列"对话框——矩形阵列

结果如图 2-31（b）所示。

2）环形阵列

环形阵列是指将对象按绕阵列中心等角度均匀分布，如图 2-33 所示。决定环形阵列的主要参数有阵列中心、阵列总角度及阵列数目。

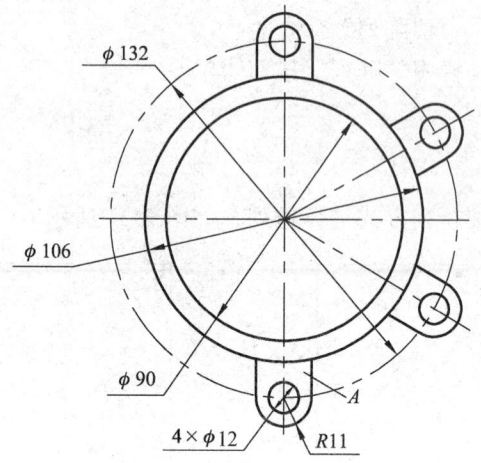

图 2-33　"环形阵列"命令的用法

操作步骤如下：

（1）绘制源对象（对象 A）。

（2）单击修改工具栏中"阵列"按钮 ▦ （或采用其他两种操作方法）。

（3）在弹出的"阵列"对话框中执行如图 2-34 所示的操作。

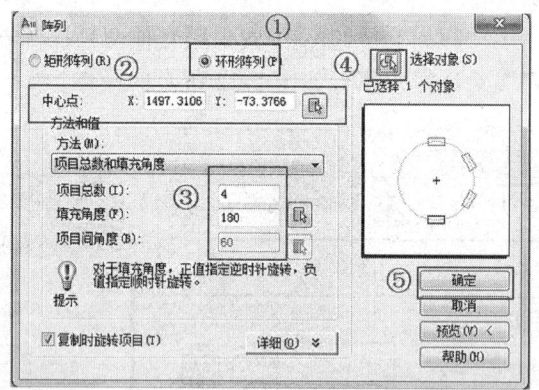

图 2-34　"阵列"对话框——环形阵列

执行结果如图 2-33 所示。

六、移动（move）

1. 功　能

移动是将选定的实体移动到指定的位置，如图 2-35 所示。

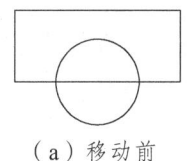 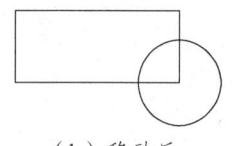

（a）移动前　　　　　　　　　　　　（b）移动后

图 2-35　move 命令的用法

2. 命令激活方式

方法一：在命令行内输入 move（或 M）。
方法二：执行"修改"→"移动"命令。
方法三：单击修改工具栏中"移动"按钮。

3. 操作步骤

激活命令后，命令行提示：

选择对象：（选择图中的圆，并按<Enter>键结束选择）
指定基点或[位移（D）]<位移>：（选取圆心为基点）
指定第二个点或<使用第一个点作为位移>：（移动光标至目标点，单击鼠标左键确认）
执行结果如图 2-35（b）所示。

4. 说　明

（1）在选择移动基点时，用户可以用十字光标拾取点，也可以输入一个 2D 或 3D 的坐标点。
（2）在移动时打开"正交"模式，则只能在水平或垂直方向移动。

七、旋转（rotate）

1. 功　能

旋转是使所选实体绕指定基点旋转指定角度，如图 2-36 所示。

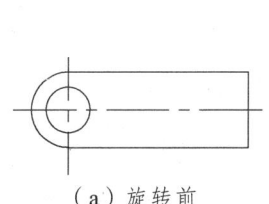 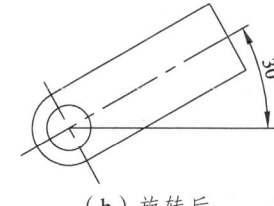 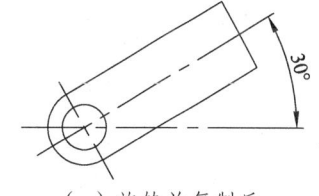

（a）旋转前　　　　　　（b）旋转后　　　　　　（c）旋转并复制后

图 2-36　rotate 命令的用法

2. 命令激活方式

方法一：在命令行内输入 rotate（或 RO）。
方法二：执行"修改"→"旋转"命令。
方法三：单击修改工具栏中"旋转"按钮。

3. 操作步骤

激活命令后，命令行提示：

选择对象：（选择待旋转的对象，并按<Enter>键结束选择）

指定基点或[位移（D）]<位移>：（选择基点）
指定旋转角度，或 [复制（C）/参照（R）] <0>：（指定旋转角度，并按<Enter>键确认）
执行结果如图 2-36（b）所示。
命令行其他选项功能如下：
复制（C）：旋转并复制源对象，若输入该选项，执行结果如图 2-36（c）所示。
参照（R）：将对象从指定的角度旋转到新的绝对角度，即选择对象旋转的角度为"参照角"。

4．说　明

在移动时打开"正交"模式，则只能在水平或垂直方向上移动。

【例 2-15】利用 rotate（旋转）命令将如图 2-37（a）所示图形修改成如图 2-37（b）所示图形。

命令如下：
单击修改工具栏中"旋转"按钮 ○（或采用其他两种操作方法）。
选择对象：框选要旋转的图形（所有对象），按<Enter>键确定
选择对象：↙
指定基点：选择 A 点
指定旋转角度，或 [复制（C）/参照（R）] <0>：15↙

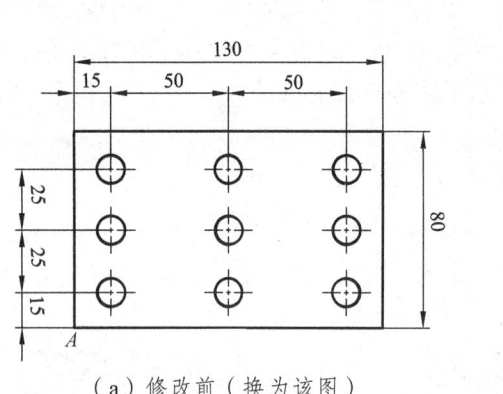
（a）修改前（换为该图）

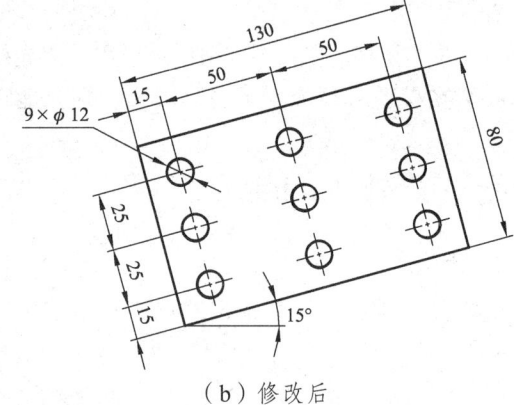
（b）修改后

图 2-37　rotate 命令的用法

八、缩放（scale）

1．功　能

缩放是使所选实体以指定基点为中心缩放指定倍数，如图 2-38 所示。

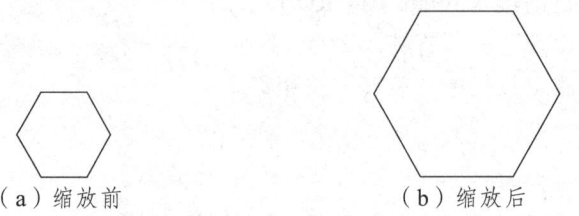

（a）缩放前　　　　　　（b）缩放后

图 2-38　scale 命令的用法

2. 命令激活方式

方法一：在命令行内输入 scale（或 SC）。
方法二：执行"修改"→"缩放"命令。
方法三：单击修改工具栏中"缩放"按钮 。

3. 操作步骤

激活命令后，命令行提示：

选择对象：（选择待缩放的对象，并按<Enter>键结束选择）
指定基点：（选择基点）
指定比例因子或[复制（C）/参照（R）]<0>：（指定比例因子，并按<Enter>键确认；或输入其他选项并按提示完成操作）

命令行其他选项功能如下：

复制（C）：创建要缩放的对象的副本，即进行缩放的同时保留源对象。
参照（R）：按参照长度或指定的新长度缩放对象，即缩放的比例因子为"参照长度值"。

【例 2-16】利用直线（line）、缩放（scale）等命令绘制如图 2-39 所示的图形。

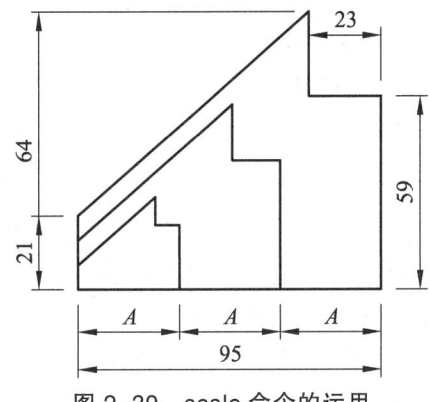

图 2-39　scale 命令的运用

由尺寸数字"A"可知，该图形是由 3 个成比例的图形（封闭轮廓）构成，内侧图形：中间图形：外侧图形=1：2：3。由于题目只给定了外侧图形尺寸，故先绘制外侧图形，其他两个图形用缩放命令完成。具体步骤如下：

（1）利用直线（line）命令绘制外侧图形，该步骤由读者自行完成。
（2）中间图形绘制命令如下：

单击修改工具栏中"缩放"按钮 （或采用其他两种操作方法）。

选择对象：框选需缩放的对象（最外侧轮廓）
选择对象：↙
指定基点：鼠标单击选择左下角点
指定比例因子或 [复制（C）/参照（R）]<0>：C↙
指定比例因子或 [复制（C）/参照（R）] <0>：2/3↙

（3）内侧图形绘制命令同中间图形，请读者自行完成。

九、拉伸（stretch）

1. 功　能

拉伸是根据指定的方向和长度拉伸或缩短图形，如图 2-40 所示。

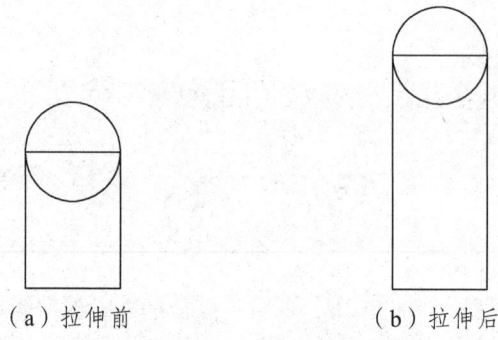

（a）拉伸前　　　　　　（b）拉伸后

图 2-40　stretch 命令的用法

2. 命令激活方式

方法一：在命令行内输入 stretch（或 S）。

方法二：执行"修改"→"拉伸"命令。

方法三：单击修改工具栏中的"拉伸"按钮 。

3. 操作步骤

激活命令后，命令行提示：

选择对象：（框选图形上侧圆，并按<Enter>键结束选择）
指定基点或[位移（D）]<位移>：（选取圆心为基点）
指定第二个点或<使用第一个点作为位移>：（拖动圆心至目标点，单击鼠标左键确认）

执行结果如图 2-40（b）所示。

十、修剪（trim）

1. 功　能

修剪是按指定的剪切边界修剪实体（被剪切的直线、圆等），如图 2-41 所示。

（a）修剪前　　　　　　（b）修剪后

图 2-41　trim 命令的用法

2. 命令激活方式

方法一：在命令行内输入 trim（或 TR）。

方法二：执行"修改"→"修剪"命令。

方法三：单击修改工具栏中的"修剪"按钮 -/--。

3. 操作步骤

激活命令后，命令行提示：

选择对象或 <全部选择>：（选择修剪边界）

选择对象：（选择待修剪的对象，并按<Enter>键结束选择）

选择要修剪的对象，或按住<Shift>键选择待延伸的对象，或[栏选（F）/窗交（C）/投影（P）/边（E）/删除（R）/放弃（U）]：（选择待修剪的对象上需剪掉部分，并按<Enter>键确认或按<Esc>键退出 TRIM 命令）

命令行其他选项功能如下：

栏选（F）：依次指定各个栏选点，与栏选点连接线相交的对象将被修剪。

窗交（C）：指定两个角点，包含于矩形窗口内部或与之相交的对象将被修剪。

投影（P）：指定修剪对象时使用的投影方法，主要用于三维空间绘图。

边（E）：设定剪切边的隐含延伸模式。如果在此命令下选择"延伸"模式，系统自动将剪切边延长至与被修剪对象相交并完成修剪（只是隐含延伸，剪切边的实际长度不变）；如果选择"不延伸"模式，若剪切边未与被修剪对象相交，则无法完成修剪，只有真正相交时方可修剪。

删除（R）：将选定的对象删除，此选项提供了一种删除对象的简便方式，而无须退出 TRIM 命令。

放弃（U）：取消上一次的操作。

4. 说　明

修剪命令可以修剪掉修剪边界一侧或两条修剪边界之间的部分。

【例 2-17】利用直线（line）、修剪（trim）命令绘制如图 2-42 所示的图形。

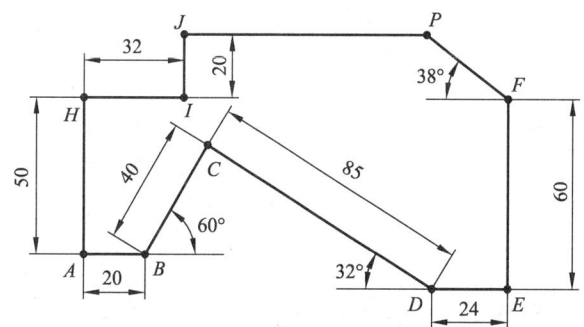

图 2-42　直线（line）、修剪（trim）命令的运用

由于图中 *FP*、*JP* 两条直线方位已确定，但长度未知，故绘制时可人为将二者延长，使其交叉，如图 2-43 所示。然后使用修剪命令剪去过长部分，具体如下：

（1）绘制图 2-43 所示图形，该步骤由读者自行完成。

（2）修剪过长部分。

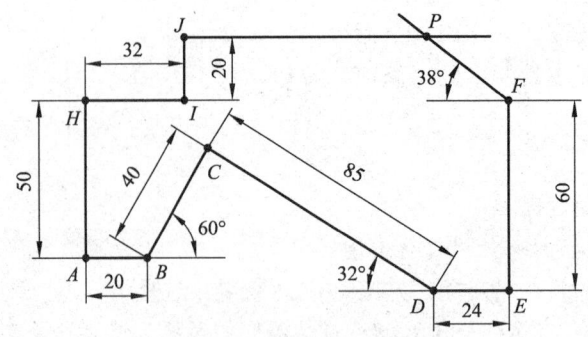

图 2-43 例 2-17 图

单击修改工具栏中"修剪"按钮 -/--（或采用其他两种操作方法）。

当前设置：投影=UCS，边=无
选择剪切边…
选择对象或 <全部选择>：选择直线 J 和直线 F（修剪对象为直线 J 时，F 为剪切边界；修剪对象为直线 F 时，J 为剪切边界）
选择对象：✓（确认选择）
选择要修剪的对象，或按住<Shift>键选择待延伸的对象，或[栏选（F）/窗交（C）/投影（P）/边（E）/删除（R）/放弃（U）]：依次点选直线 J 和直线 F 上过长部分✓

十一、延伸（extend）

1. 功　能

延伸是将所选实体延长到指定边界，如图 2-44 所示。

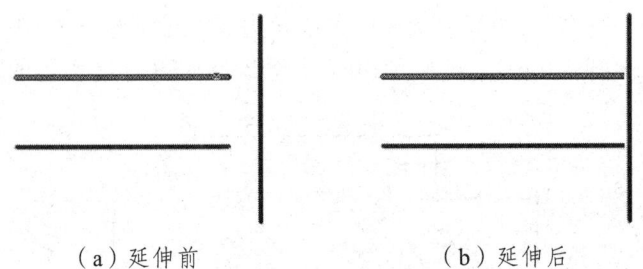

（a）延伸前　　　　　　　（b）延伸后

图 2-44　extend 命令的用法

2. 命令激活方式

方法一：在命令行内输入 extend（或 EX）。
方法二：执行"修改"→"延伸"命令。
方法三：单击修改工具栏中的"延伸"按钮 --/。

3. 操作步骤

激活命令后，命令行提示：

选择对象或 <全部选择>：（选择延伸边界）

选择对象:(选择待延伸的对象,并按<Enter>键结束选择)

选择要修剪的对象,或按住<Shift>键选择待延伸的对象,或[栏选(F)/窗交(C)/投影(P)/边(E)/删除(R)/放弃(U)]:(选择待延伸对象,并按<Enter>键确认或按<Esc>键退出 EXTEND 命令)

【例 2-18】利用偏移(offset)和延伸(extend)命令将如图 2-45(a)所示的图形修改为如图 2-45(c)所示的图形。

(1)利用偏移(offset)命令将待偏移的线条向外偏移 6 mm,将得到如图 2-45(b)所示的图形,该步骤请读者自行完成。

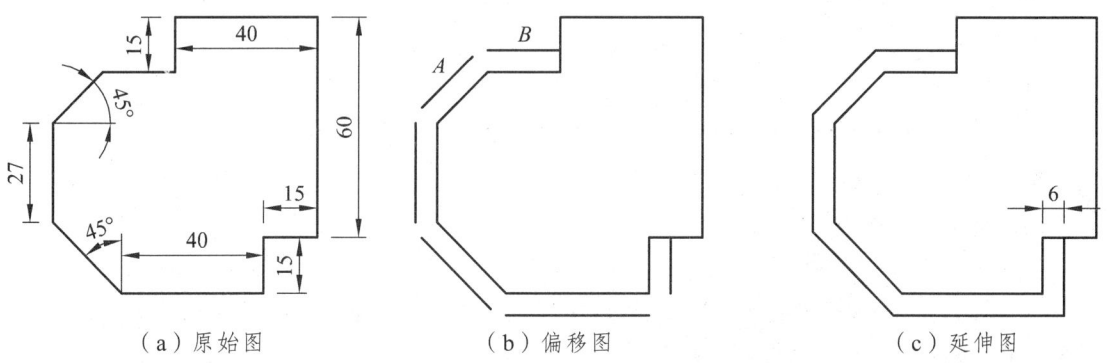

(a)原始图　　　　　　(b)偏移图　　　　　　(c)延伸图

图 2-45　偏移(offset)与延伸(extend)命令的运用

(2)利用延伸(extend)命令延伸各个线段,使两两相交,如图 2-45(c)所示,命令如下:单击修改工具栏中"延伸"按钮（或采用其他两种操作方法）。

当前设置:投影=UCS,边=无

选择边界的边。

选择对象或 <全部选择>:选择延伸边界 A

选择对象:选择待延伸对象 B↙(结束选择)

选择要延伸的对象,或按住<Shift>键选择待修剪的对象,或[栏选(F)/窗交(C)/投影(P)/边(E)/放弃(U)]:E↙(设定延伸边的隐含延伸模式)

输入隐含边延伸模式 [延伸(E)/不延伸(N)] <不延伸>:E↙(选择延伸模式)

选择要延伸的对象,或按住 Shift 键选择要修剪的对象,或[栏选(F)/窗交(C)/投影(P)/边(E)/放弃(U)]:选择直线 A(延伸直线 A 至 A、B 的虚拟交点)

选择要延伸的对象,或按住 Shift 键选择要修剪的对象,或[栏选(F)/窗交(C)/投影(P)/边(E)/放弃(U)]:选择直线 B(延伸直线 B 至与直线 A 相交)

选择要延伸的对象,或按住 Shift 键选择要修剪的对象,或[栏选(F)/窗交(C)/投影(P)/边(E)/放弃(U)]:↙或 Esc(确认或退出 EXTEND 命令)

多次重复上述命令,延伸各个线段。执行结果如图 2-45(c)所示。

十二、倒角(chamfer)

1. 功　能

倒角是根据指定条件对图形进行倒角,如图 2-46 所示。

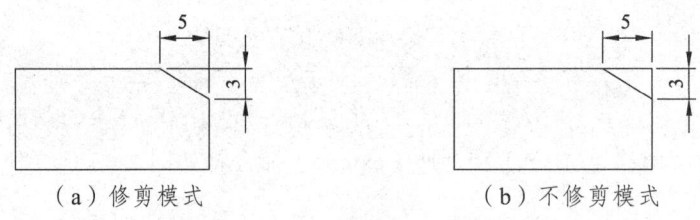

（a）修剪模式　　　　　　　　（b）不修剪模式

图 2-46　对图形进行倒角

2. 命令激活方式

方法一：在命令行内输入 chamfer（或 CHA）。
方法二：执行"修改"→"倒角"命令。
方法三：单击修改工具栏中的"倒角"按钮。

3. 操作步骤

激活命令后，命令行提示：

（"修剪"模式）当前倒角距离 1 = 0.0000，距离 2 = 0.0000
选择第一条直线或 [放弃（U）/多段线（P）/距离（D）/角度（A）/修剪（T）/方式（E）/多个（M）]：D↙（指定倒角距离）
指定第一个倒角距离 <0.0000>：5↙（指定第一个倒角距离为 5）
指定第二个倒角距离 <0.0000>：3↙（指定第二个倒角距离为 3）
选择第一条直线或 [放弃（U）/多段线（P）/距离（D）/角度（A）/修剪（T）/方式（E）/多个（M）]：选择角的任一条边（指定角的任一条边为第一个对象，图 2-46（a）中矩形上边为第一个对象）
选择第二条直线，或按住 Shift 键选择要应用角点的直线：选择角的另一条边（指定角的另一条边为第二个对象，图 2-46（a）中矩形右边为第一个对象）

执行结果如图 2-46（a）所示。
命令行其他选项功能如下：

放弃（U）：取消上一次的操作。
多段线（P）：在被选择的多段线的各顶点处，按当前倒角设置创建倒角。
距离（D）：分别指定第一个和第二个倒角距离，如图 2-46（a）中的 5 和 3 分别是第一个和第二个倒角距离。
角度（A）：根据第一条直线的倒角长度及倒角角度来设置倒角尺寸。
修剪（T）：设置倒角修剪模式，即设置是否对倒角边进行修剪，如图 2-46（b）所示。
方式（E）：设置倒角方式。用户根据需要选择"两个距离"或"一个距离和一个角度"来创建倒角。
多个（M）：可在命令中执行多次倒角操作。

十三、圆角（fillet）

1. 功　能

圆角是用一段圆弧连接两个对象，是一个较为有效的圆弧命令，如图 2-47 所示。

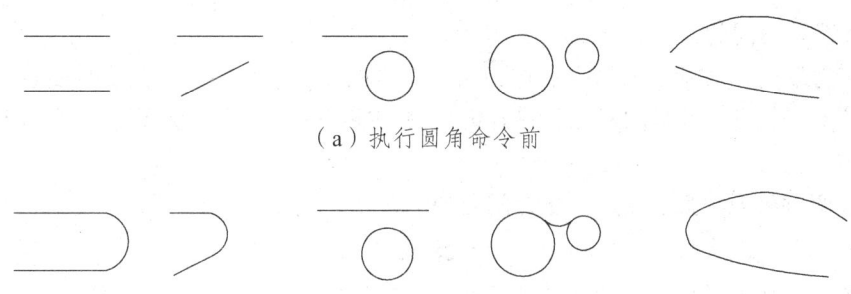

(a)执行圆角命令前

(b)执行圆角命令后

图 2-47 利用圆角命令绘制的圆弧

2. 命令激活方式

方法一：在命令行内输入 fillet（或 F）。

方法二：执行"修改"→"圆角"命令。

方法三：单击修改工具栏中的"圆角"按钮 。

3. 操作步骤

激活命令后，命令行提示：

当前设置：模式 = 修剪，半径 = 0.0000
选择第一个对象或 [放弃(U)/多段线(P)/半径(R)/修剪(T)/多个(M)]：R↙（选择输入半径值）
指定圆角半径 <0.0000>：输入半径值↙
选择第一个对象或 [放弃(U)/多段线(P)/半径(R)/修剪(T)/多个(M)]：选择任一对象（指定该对象为第一个对象）
选择第二个对象，或按住 Shift 键选择要应用角点的对象：选择另一对象（指定该对象为第二个对象）

执行结果如图 2-47（b）所示。

命令行其他选项功能同"倒角"命令。

十四、打断（break）

打断对象可以删除两点之间的部分对象，也可以将对象在某点处打断，一分为二。

1. 打断

（1）命令激活方式。

命令行：break（或 BR）↙。

菜单栏："修改"→"打断"命令。

修改工具栏中的"打断"按钮 。

（2）操作步骤。

激活命令后，命令行提示：

命令：_break 选择对象：选择对象（选择待打断对象，默认选择点为第一个打断点）
指定第二个打断点，或[第一点（F）]：

此时可选择不同的操作方法。
- 直接选取同一对象上的另一点作为第二个打断点,将删除位于两个打断点之间的那部分对象。对于圆、椭圆等封闭对象,沿逆时针方向将从第一个打断点到第二个打断点之间的圆弧删除。
- 若图形对象为圆弧、直线等非封闭对象,在命令行输入"@↙",将使第二个打断点与第一个打断点重合,从而将对象一分为二,变为两个对象。
- 在命令行输入"F↙",此时命令行将提示"指定第一个打断点",用指定的新点替换原来的第一个打断点。

2. 打断于点

打断于点是打断的一种特殊情况,对象将从打断点处分为两个对象。
(1)命令激活方式。
修改工具栏中的"打断于点"按钮 。
(2)操作步骤。
激活命令后拾取打断对象,接着再选取打断点。对象将被从打断点处一分为二,变为两个对象。

【例 2-19】利用打断命令将如图 2-48(a)所示的图形修改为如图 2-48(b)所示的图形。

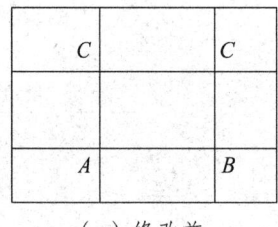
(a)修改前

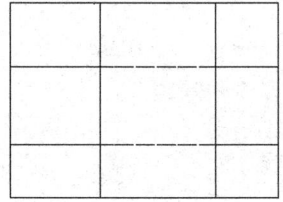
(b)修改后

图 2-48 打断命令应用实例

步骤一:
单击修改工具栏中的"打断"按钮 。
命令:_break 选择对象:(选择直线 AB)↙
指定第二个打断点,或[第一点(F)]:F↙
指定第一个打断点:指定 A 点
指定第二个打断点:指定 B 点
重复【打断】命令,将另一条直线从 C、D 处打断。
步骤二:
用虚线连接 AB 和 CD,最终结果如图 2-48(b)所示。

十五、合并(join)

合并对象是指将多个对象合成一个对象。

1. 命令激活方式

命令行：join 或（j）↙。

菜单栏："修改"→"合并"命令。

修改工具栏中"合并"按钮 ➔➔。

2. 操作步骤

激活命令后，命令行提示：

命令：_join 选择源对象：选择图 2-49（a）中的图线 1
选择要合并到源的直线：选择 2-49（a）中的图线 2
选择要合并到源的直线：选择 2-49（a）中的图线 3 ↙

已将两条直线合并到源。

执行结果如图 2-49（b）所示。

注意：合并的直线必须共线。

利用此命令也可以将几段圆弧合并，但圆弧必须在同一个圆上，如图 2-50 所示。

注意：合并圆弧时，将从源对象的圆弧开始，沿逆时针方向合并圆弧。

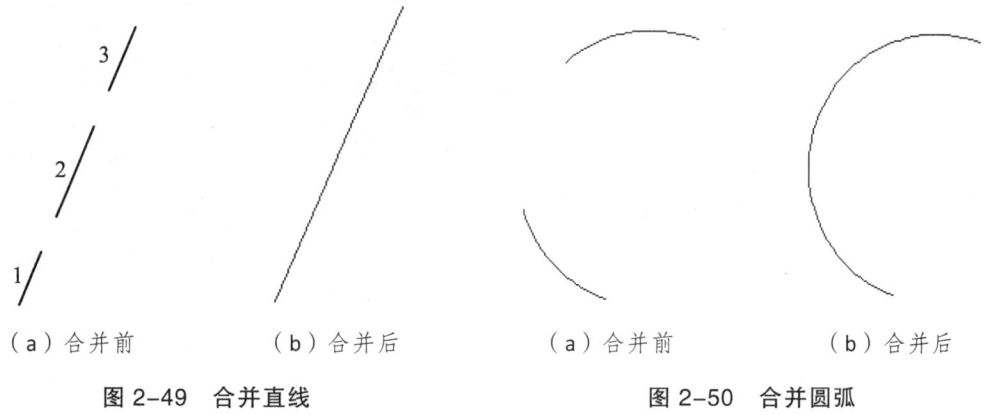

（a）合并前　　　　（b）合并后　　　　　（a）合并前　　　　（b）合并后

图 2-49　合并直线　　　　　　　　　图 2-50　合并圆弧

十六、分解（explode）

分解命令可以将正多边形、多段线、标注等合成对象转换为单个元素，以便进行修改。

1. 命令激活方式

命令行：explode 或（x）↙。

菜单栏："修改"→"分解"命令。

修改工具栏中的"分解"按钮。

2. 操作步骤

激活命令后，按命令行提示选择要分解的对象，按<Enter>键或单击鼠标右键结束。

任务四　精确绘图工具

绘制工程图时，必须按照给定的尺寸进行绘制，若采用坐标法，工作量巨大。但若使用系统提供的"对象捕捉""对象追踪"及"正交"等功能，便可在不输入坐标的情况下快速、精确地绘制图形，极大地减少工作量，提高作图效率。

一、对象捕捉

在绘图过程中，调用对象捕捉功能，可以方便地捕捉到屏幕上已存在的一些特殊点，如圆心、切点、中点、交点、端点等。对象捕捉分为固定对象捕捉方式和临时对象捕捉方式。

1. 固定对象捕捉方式

固定对象捕捉方式是指事先设置好一些捕捉模式，当光标移动到符合捕捉模式的对象时显示捕捉标记，可自动捕捉，方便快捷。固定对象捕捉方式的激活方式如下：

（1）功能键：F3。

（2）状态栏：单击状态栏上的 按钮（或在此按钮上右击，选择快捷菜单上的"启用"选项）。

（3）执行"工具"→"绘图设置"命令或右击状态栏上的"对象捕捉"按钮，在弹出的快捷菜单栏中选择"设置"选项，在弹出的"草图设置"对话框的"对象捕捉模式区"中勾选所需要的对象捕捉模式，并勾选"启用对象捕捉"，然后单击"确定"按钮即可。操作步骤如图 2-51 所示。

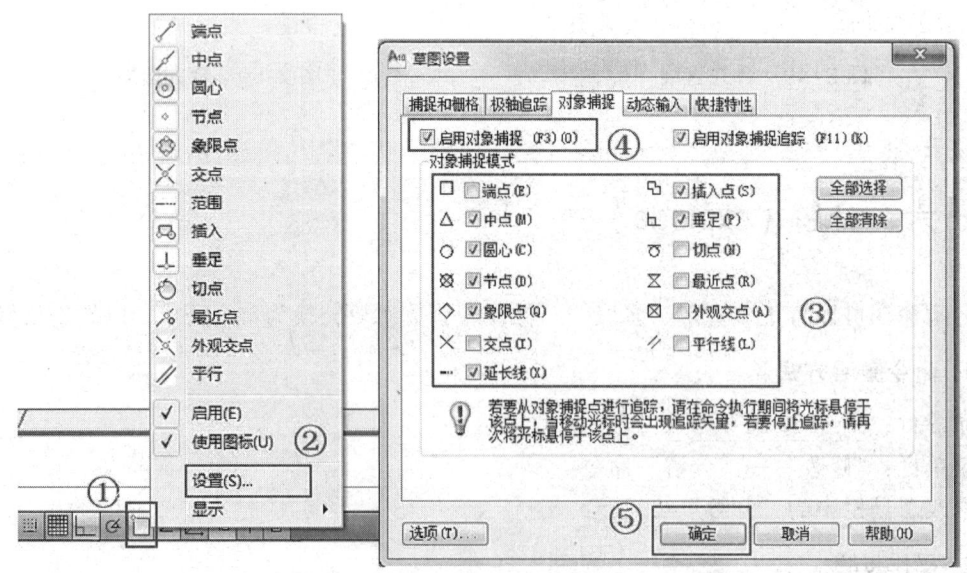

图 2-51　固定对象捕捉方式的激活方式

启用"固定对象捕捉"之后，系统将一直保持此种捕捉模式，直到用户自行取消为止，因此称之为固定对象捕捉。

2. 临时对象捕捉方式

临时对象捕捉是一次性的捕捉方式，即激活一次捕捉模式之后，系统仅允许使用一次，如果用户需要连续使用该捕捉功能，需要重复激活临时捕捉模式。临时对象捕捉的激活方式有以下两种：

（1）右击状态栏上"对象捕捉"按钮，在弹出的"对象捕捉"快捷菜单中单击相应的捕捉模式按钮，如图2-52所示。

（2）在绘图区任意位置，先按住<Shift>键，再右击，也将弹出如图2-52所示的"对象捕捉"快捷菜单，从该菜单中选择相应的捕捉模式。

图2-52　"对象捕捉"快捷菜单

（3）命令行：在命令行输入各种捕捉功能的简写，如_mid 中点、_tan 切点、_per 垂足等。

说明：对象捕捉只能捕捉屏幕上可见的对象，包括锁定图层、布局视口边界和多段线上的对象；无法捕捉不可见的对象、未显示对象、关闭或冻结图层上的对象或虚线的空白部分；对象捕捉不是命令，只是一种状态，仅在执行某个命令过程中"指定一个点"时使用；如果在某个图元附近有多种特殊点，要捕捉某个特殊点不方便，可以使用<Tab>键选择这些特殊点。

常用捕捉工具的名称、按钮、捕捉标记及功能如表2-1所示。

表 2-1 常用捕捉工具的名称、按钮、捕捉标记及功能

名称	按钮	捕捉标记	功 能
端点		□	捕捉线段、圆弧等几何对象的端点
中点		△	捕捉线段、圆弧等几何对象的中点
圆心		○	捕捉圆、圆弧和椭圆的中心
节点		⊗	捕捉 point 命令创建的点
象限点		◇	捕捉象限点,即圆、圆弧、椭圆的0°、90°、180°和270°的点
交点		×	捕捉几何对象间真实的或延伸的交点
插入点		⤴	捕捉属性、块、形和文字的插入点
垂足		⊥	在绘制垂直结合关系时,该捕捉方式可使用户捕捉垂足
切点		○	在绘制相切的几何关系中,该捕捉方式使用户可以捕捉切点
最近点		⊠	捕捉距离光标中心最近的几何对象上的点
平行		∥	平行捕捉,可用于绘制平行线

【例 2-20】利用对象捕捉功能绘制如图 2-53 所示的两条虚线。

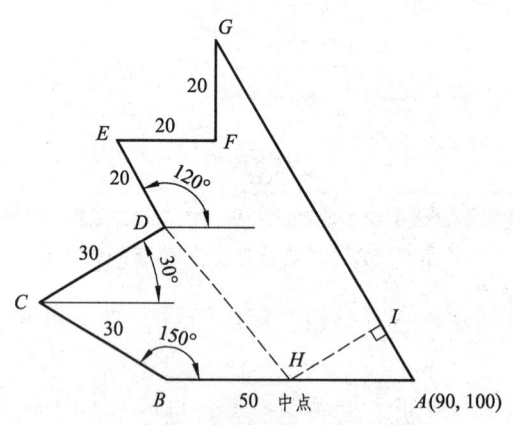

图 2-53 对象捕捉功能的运用

(1)新建虚线图层,完成线型的加载和颜色的设置。
(2)激活对象捕捉中的端点、中点和垂足。
(3)绘制虚线,步骤如下:
命令:单击"绘图"工具栏中的"直线"按钮。
_line 指定第一点:移动十字光标至 D 点附近,当出现"□"(端点捕捉标记)时,单击

鼠标左键（捕捉到 D 点）

　　指定下一点或[放弃（U）]：移动十字光标至线段 AB 的中点附近，当出现"△"（中点捕捉标记）时，单击鼠标左键（捕捉到 H 点）

　　指定下一点或[闭合（C）/放弃（U）]：移动十字光标至线段 AG，当出现"⊢"（中点捕捉标记）时，单击鼠标左键（捕捉到 I 点）

至此，两条虚线绘制完成。

二、正　交

打开"正交"（单击"状态栏"中的"正交"按钮▭，使其变蓝）后，只能绘制水平线和竖直线，即正交线。使用该功能，可快速绘制由正交线构成的图形。

【例 2-21】使用正交功能，快速绘制如图 2-3 所示矩形。

命令：单击"绘图"工具栏中的"直线"按钮╱。

_line 指定第一点：0，0↙（得 A 点）
　　指定下一点或[放弃（U）]：鼠标移至 A 点右侧，80↙（得 B 点）
　　指定下一点或[闭合（C）/放弃（U）]：鼠标移至 B 点上方，60↙（得 C 点）
　　指定下一点或[闭合（C）/放弃（U）]：鼠标移至 C 点左侧，80↙（得 D 点）
　　指定下一点或[闭合（C）/放弃（U）]：鼠标移至 D 点下方，60↙或 C↙（回到 A 点）

三、栅格捕捉

栅格是指在屏幕中显示的很多等距点。应用栅格捕捉，可以方便快捷地绘制由直线构成的图形。打开"栅格"（单击"状态栏"中的"栅格捕捉"按钮▦，使其变蓝），绘图区便会出现栅格点，如图 2-54 所示。

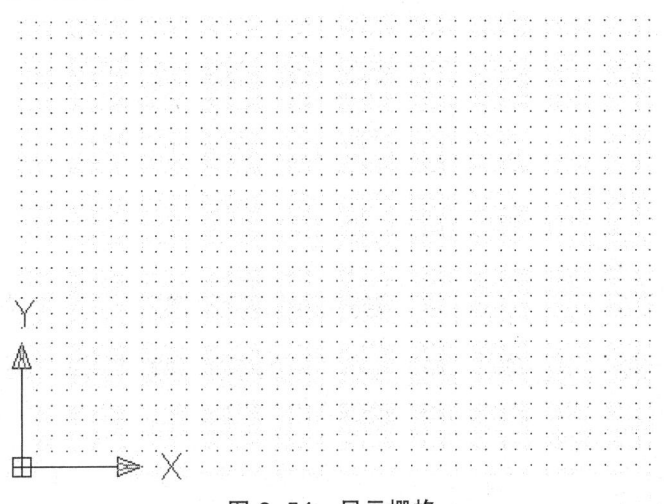

图 2-54　显示栅格

绘制图形前，需进行栅格间距的设置，方法如下：

执行"工具"→"草图设置"命令或右击"栅格捕捉"按钮▦后选择"设置"，将弹出

"草图设置"对话框,如图 2-55 所示。在该对话框中可对"栅格间距"和"捕捉间距"进行设置,并单击"启用捕捉"和"启用栅格"前的复选框,使其显示"√"符号(相当于单击"状态栏"中的"捕捉模式"按钮 和"栅格显示"按钮),即打开了栅格并启用栅格捕捉功能,此时十字光标只能在捕捉的间距点上跳动。

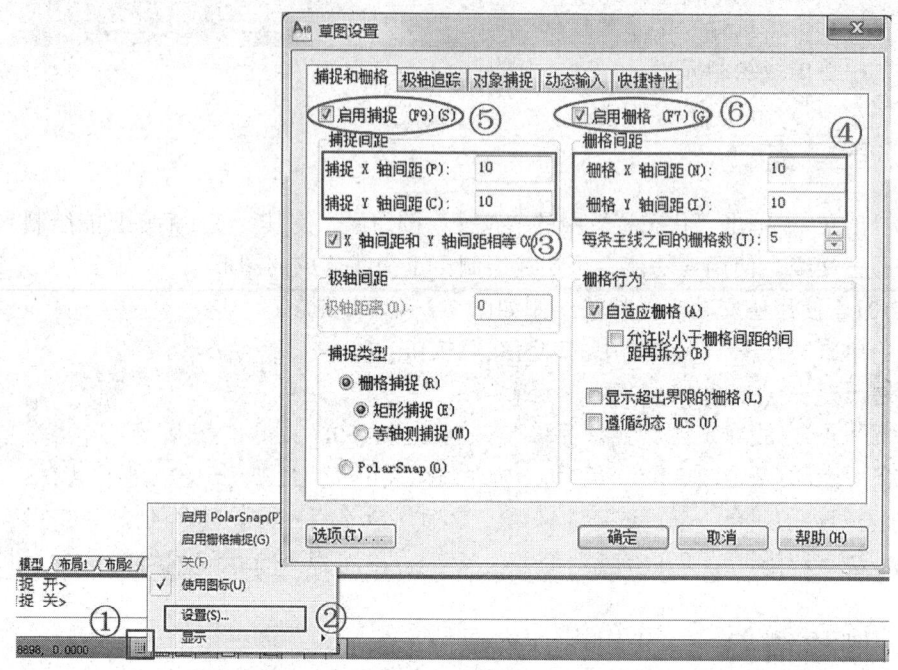

图 2-55 "草图设置"对话框——捕捉间距、栅格间距的设置与启用

【例 2-22】利用栅格捕捉功能完成如图 2-56 所示图形绘制,栅格间距为 10。

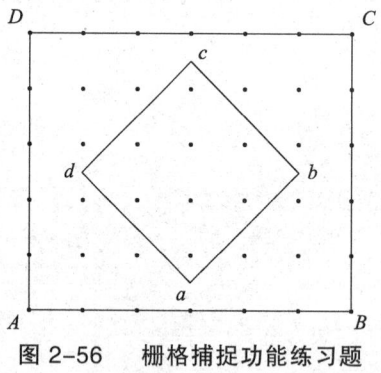

图 2-56 栅格捕捉功能练习题

(1)设置捕捉间距与栅格间距(捕捉间距:X 轴间距、Y 轴间距均为 5;栅格间距:X 轴间距、Y 轴间距均为 10)并启用,操作步骤如图 2-55 所示。

(2)绘制外轮廓,步骤如下:

命令:单击"绘图"工具栏中的"直线"按钮 。

_line 指定第一点:用光标随意点取 A 点

指定下一点或[放弃(U)]:向右移动十字光标至第六个点处,单击鼠标(得 B 点)

指定下一点或[闭合(C)/放弃(U)]:向上移动十字光标至第五个点处,单击鼠标(得 C 点)

指定下一点或[闭合（C）/放弃（U）]：向左移动十字光标至第六个点处，单击鼠标（得 D 点）
指定下一点或[闭合（C）/放弃（U）]：向右移动十字光标至第五个点处，单击鼠标或 C↙
（回到 A 点）

（3）绘制内部矩形，该步骤由读者自行完成，操作方法同（2）。

四、自动追踪

在 AutoCAD 中，通过图形中已有点来定位点的方法称为追踪。使用追踪功能可按指定角度绘制对象，也可绘制与已有对象有相对位置关系的对象。当追踪功能开启时，可利用屏幕上出现的追踪线在精确的位置和角度上创建对象。自动追踪主要包含极轴追踪和对象捕捉追踪两种形式。

1．极轴追踪

"极轴追踪"能够使用户在特定的角度和位置绘制图形，它按照预先设置的增量角及其倍数，引出相应的极轴追踪虚线，使用户可在追踪虚线所定位的矢量方向上精确定位追踪点。执行"极轴追踪"命令的方法：

（1）功能键：F10。
（2）状态栏：单击状态栏上的 ⊘ 按钮（或在此按钮上右击，选择快捷菜单上的"启用"选项）。
（3）菜单栏：执行"工具"→"绘图设置"命令，或右击状态栏上的"极轴追踪"按钮，再单击"设置"，可打开"草图设置"中的"极轴追踪"选项卡，在对话框中勾选"启用极轴追踪"复选框，如图 2-57 所示。

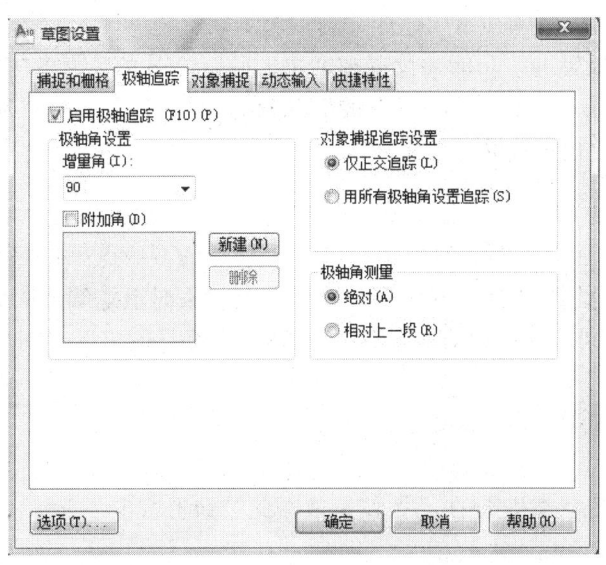

图 2-57 "草图设置"中的"极轴追踪"选项卡

在"极轴追踪"选项卡中，可以进行相关参数设置。在"增量角"下拉列表框中，系统提供了多种增量角，如 90°、45°、30°、22.5°、18°、15°、10°、5°等，用户可以从中选择任意角度值作为增量角。

若需要选择预设值之外的角度增量值，需勾选"附加角"复选框，激活附加角功能，然后单击"新建"按钮，系统会出现如图 2-58 所示的文本框。在文本框内输入所需值，即可创建一个附加角，系统会以用户所设置的附加角进行追踪。若要删除一个附加角，在选取该角度值后单击"删除"按钮即可，但只能删除用户自定义的附加角，无法删除系统预设的增量角。

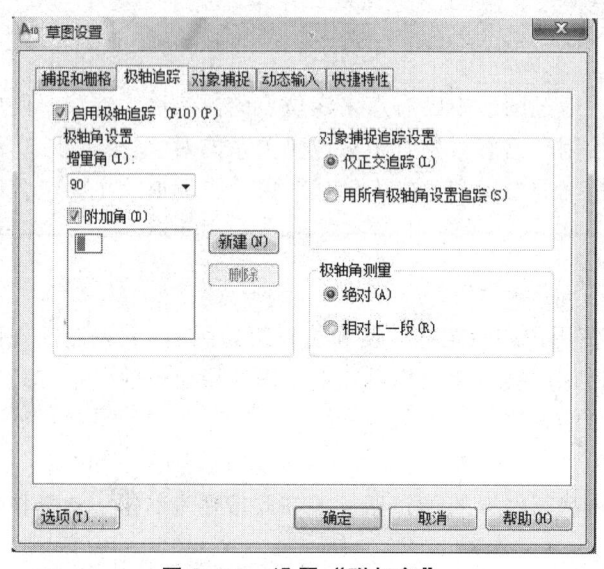

图 2-58　设置"附加角"

"极轴角测量"选项组包括"绝对"和"相对上一段"两个单选按钮。其中"绝对"表示极轴角是绝对角（与 X 轴正向的夹角），而"相对上一段"则表示极轴角是相对于前一段线段的角度。

说明：用户启用极轴追踪功能并设置极轴角之后，绘图时系统将在极轴角及其整数倍角度处出现临时追踪虚线。例如，用户设置的极轴角为 30°，则将光标移动到 30°、60°、90°、120°等位置附近时均会出现临时追踪虚线。

2. 对象捕捉追踪

"对象捕捉追踪"能够以图形对象上的某些特征点为参照点来追踪其他位置的点。启用"对象捕捉追踪"后，绘图时会产生基于对象捕捉点的临时追踪线。因此，该功能与对象捕捉功能相关，需两者同时开启时方可使用，且对象追踪只能追踪"对象捕捉"里设置的对象捕捉点。

执行"对象捕捉追踪"命令方法：

（1）功能键：F11。

（2）状态栏：单击状态栏上的 ∠ 按钮（或在此按钮上右击，选择快捷菜单上的"启用"选项）。

（3）菜单栏：执行"工具"→"绘图设置"命令，或右击状态栏上的的"对象追踪"按钮，再单击"设置"，可打开"草图绘制"中的"对象捕捉"选项卡，在对话框中勾选"启用对象捕捉追踪"复选框，如图 2-59 所示。

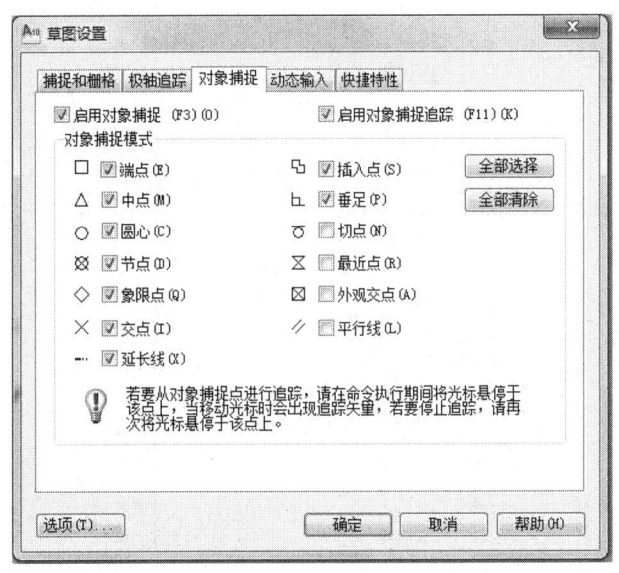

图 2-59　"草图设置"中的"对象捕捉"选项卡

【例 2-23】使用极轴追踪、对象捕捉追踪命令绘制如图 2-60 所示的平面图形。

步骤 1：新建空白文档，打开"草图绘制"对话框。

步骤 2：勾选对话框中"启用对象捕捉"和"启用对象捕捉追踪"的复选框。

步骤 3：设置极轴追踪角。在"草图绘制"对话框的"极轴追踪"选项卡中，设置极轴角增量为 30°，将"对象捕捉追踪设置"设置为"用所有极轴角设置追踪"；同时，在状态栏上打开"极轴""对象捕捉"和"对象追踪"。

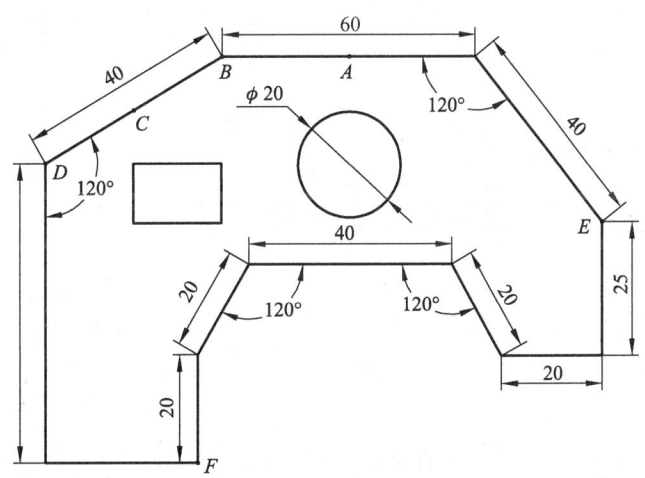

图 2-60　平面图形

步骤 4：用直线命令绘制外部轮廓。具体如下：

命令：_line

指定第一点：在绘图区域拾取一点作为起点（外轮廓左下角点）
指定下一点或[放弃（U）]：在 90°方向上引出如图 2-61 所示的极轴追踪虚线，然后输入 60↵
指定下一点或[放弃（U）]：在 30°方向上引出如图 2-62 所示的极轴追踪虚线，然后输入 40↵

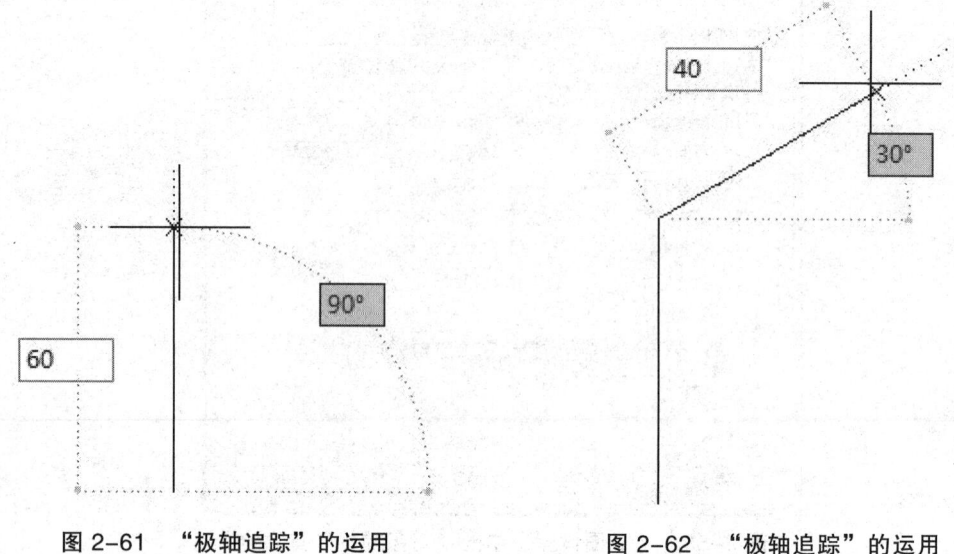

图 2-61 "极轴追踪"的运用　　　　图 2-62 "极轴追踪"的运用

用上述方法完成轮廓直线的绘制,在确定 F 点时,用对象追踪,选取起始点形成水平追踪线和垂直追踪线相交,即为 F 点,最后输入"C"(即"闭合"直线)封闭图形,完成外部轮廓的绘制。

步骤 5:绘制直径 $\phi 20$ 的圆。

执行"绘制圆"命令,用对象追踪过 A 点作垂直追踪线,过 D 点作水平追踪线,两追踪线交点为直径 $\phi 20$ 圆的圆心,如图 2-63(a)所示。输入直径,完成圆的绘制,如图 2-63(b)所示。

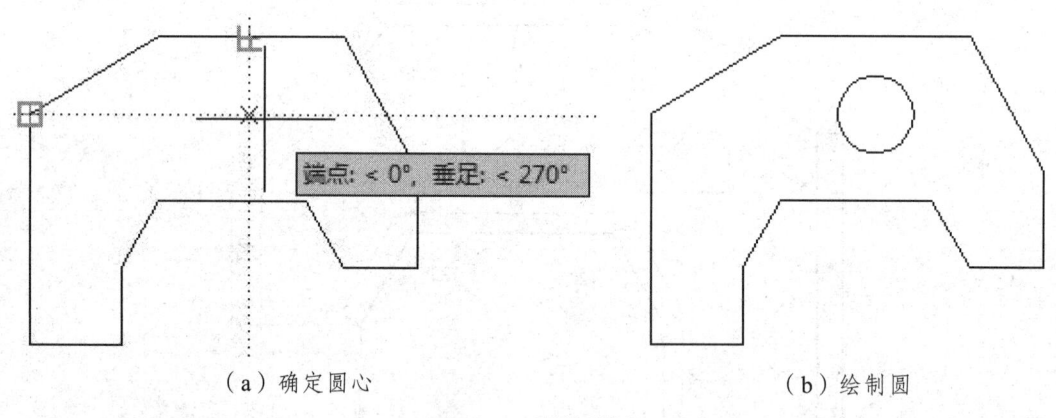

(a)确定圆心　　　　　　　　　　(b)绘制圆

图 2-63 圆的绘制

步骤 6:绘制矩形。

执行"矩形"命令,用对象追踪过 B 点作垂直追踪线,过 D 点作水平追踪线,两追踪线交点为矩形的第 1 个顶点,如图 2-64(a)所示。过 C 点作垂直追踪线,过 D 点作水平追踪线,两追踪线交点为矩形的第 2 个顶点,如图 2-64(b)所示。过 B 点作垂直追踪线,过 E 点作水平追踪线,两追踪线交点为矩形的第 3 个顶点,如图 2-64(c)所示。完成绘制的矩形如图 2-64(d)所示。

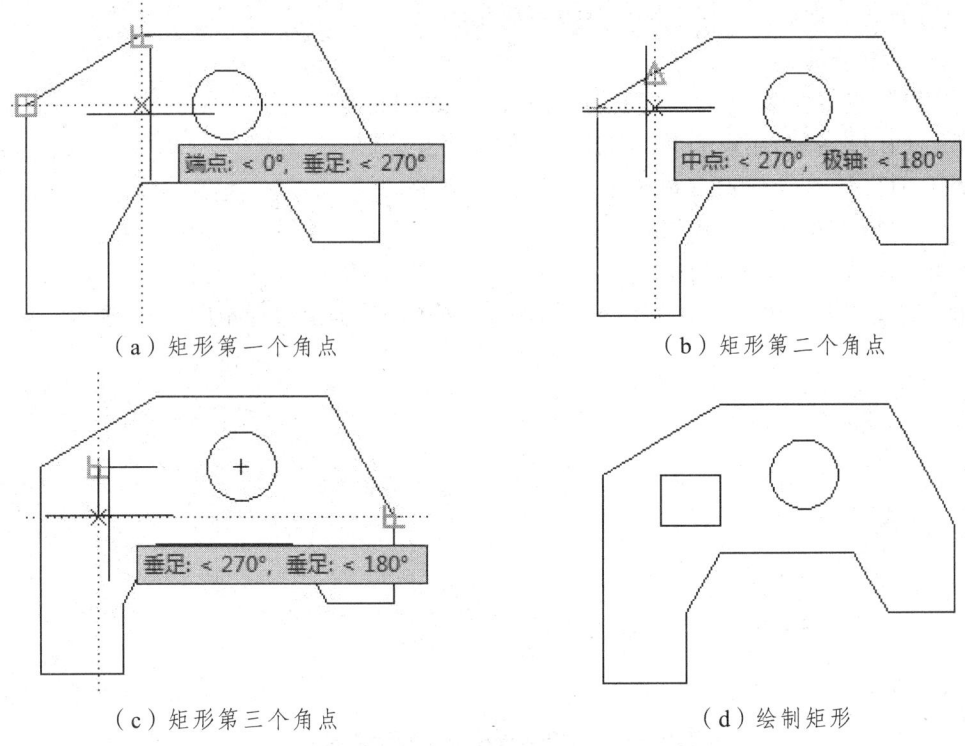

(a)矩形第一个角点　　　　　　　　(b)矩形第二个角点

(c)矩形第三个角点　　　　　　　　(d)绘制矩形

图 2-64　矩形的绘制

任务五　夹点编辑

一、夹点编辑

选择图形对象后，会出现一些图形的特征点（默认显示为蓝色实心小方框），称之为冷夹点，再次单击某个冷夹点后，就变成热夹点（默认显示为红色实心小方框）。

夹点编辑是以热夹点为基点进行图形对象的编辑，如拉伸、移动、复制、镜像、旋转等。按<Enter>键可在各个修改命令间转换。总之，夹点操作是加快完成修改命令的方式。下面分别介绍夹点模式中的各种编辑方法。

二、使用夹点编辑对象

1. 拉伸对象

选择对象，显示夹点，单击选取一个夹点作为基夹点，激活默认的"拉伸"夹点模式，命令行提示：

拉伸
指定拉伸点或[基点（B）/复制（C）/放弃（U）/退出（X）]：此时可输入点坐标或拾取一

个点作为基夹点拉伸后的位置,即可完成拉伸操作。
各选项的功能如下:
【指定拉伸点】:默认选项,提示用户输入拉伸的目标点。
【基点(B)】:提示用户输入一点作为拉伸的基点。
【复制(C)】:在拉伸实体的同时,可以复制实体。
【放弃(U)】:取消上一次的操作。
【退出(X)】:退出当前的操作。

【例 2-21】如图 2-65 所示,将图(a)中的垂直中心线向上拉伸至图(b)所示。

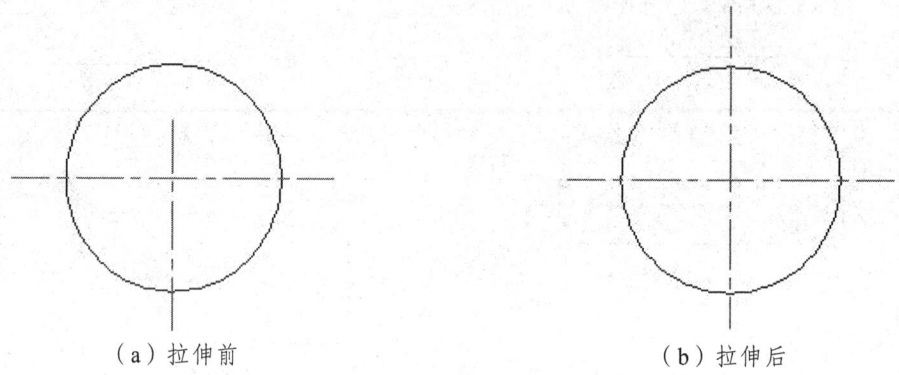

(a)拉伸前　　　　　　　　　　　　(b)拉伸后

图 2-65　利用夹点编辑功能拉伸对象

步骤 1:选择垂直中心线,显示三个蓝色夹点。
步骤 2:单击最上方蓝色夹点,使其变为红色。
步骤 3:向上移动光标至合适位置,单击完成操作。

2. 移动对象

选择对象显示夹点并选择一个夹点进入默认"拉伸"夹点模式后,按<Enter>键,或右击后在弹出的菜单中选择"移动",进入"移动"模式,命令行将提示:

移动
指定移动点或[基点(B)/复制(C)/放弃(U)/退出(X)]:其操作方法与编辑命令"移动"完全相同。

【例 2-24】如图 2-66 所示,将图(a)中的圆移动至图(b)所示。

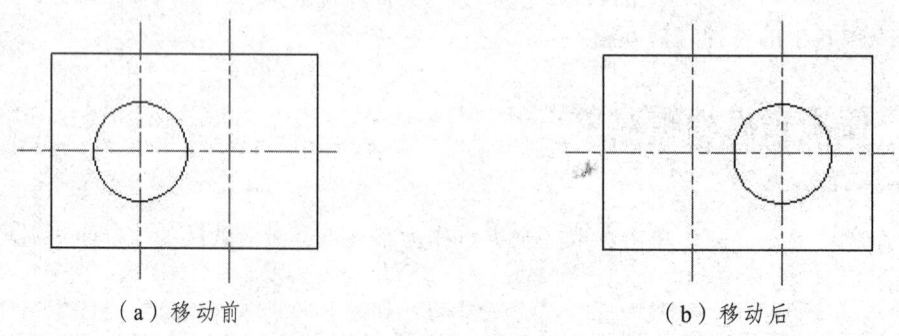

(a)移动前　　　　　　　　　　　　(b)移动后

图 2-66　利用夹点编辑功能移动对象

步骤1：单击该圆形将显示四个蓝色夹点。
步骤2：单击圆周圆心夹点，使其变为红色。
步骤3：直接按<Enter>键（或右击弹出快捷菜单，在快捷菜单中选择"移动"选项），进入移动模式。
步骤4：拾取新的圆心位置，完成操作。

3. 旋转对象

选择对象显示夹点并选择一个夹点进入默认"拉伸"夹点模式后，右击，在弹出的菜单中选择"旋转"，进入"旋转"模式，命令行将提示：

旋转
指定旋转角度或[基点（B）/复制（C）/放弃（U）/参照（R）/退出（X）]：其操作方法与编辑命令"旋转"完全相同。

【例2-25】如图2-67所示，利用旋转夹点编辑功能，将图（a）中的图形以圆心为参考点，旋转45°，效果如图（b）所示。

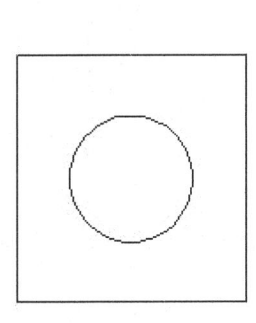
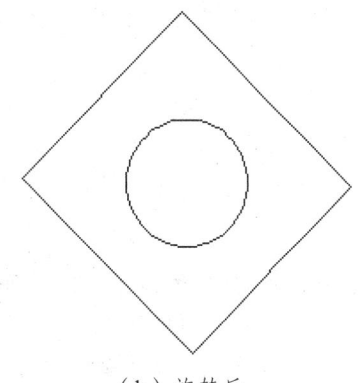

（a）旋转前　　　　　　　　（b）旋转后

图2-67　利用夹点编辑功能旋转对象

步骤1：选择图形，显示蓝色夹点。
步骤2：单击圆心处夹点，使其变为红色。
步骤3：右击，弹出快捷菜单，在快捷菜单中选择"旋转"选项，进入夹点编辑功能的旋转模式。
步骤4：在命令行输入"45"，并按<Enter>回确认。

4. 缩放对象

选择对象显示夹点并选择一个夹点进入默认"拉伸"夹点模式后，右击，在弹出的菜单中选择"缩放"，即可进入"缩放"模式，命令行将提示：

比例缩放
指定比例因子或[基点（B）/复制（C）/放弃（U）/参照（R）/退出（X）]：

其操作方法与编辑命令"缩放"完全相同。

【例2-26】如图2-68所示，利用夹点编辑功能，将图（a）中的图形以圆心为参考点，放大2倍，效果如图（b）所示。

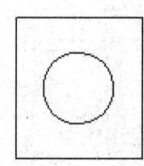
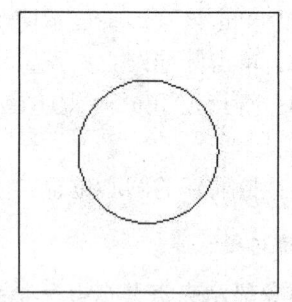

（a）放大前　　　　　　　　　　（b）放大 2 倍后

图 2-68　利用夹点编辑功能缩放对象

步骤 1：选择图形，显示蓝色夹点。
步骤 2：单击圆心处夹点，使其变为红色。
步骤 3：右击，弹出快捷菜单，在快捷菜单中选择"缩放"选项，进入夹点编辑功能的缩放方式。
步骤 4：在命令行输入比例因子"2"，并捥<Enter>間确认。

思考与练习

1. 使用 AutoCAD 绘制图形时，如果没有新建图层，是否就没有图层？
2. 设置图层的原因是什么？
3. 什么是对象追踪？什么是极轴追踪？
4. 分别用三种不同的方法绘制平行线。
5 Fill 非要命令的作用是什么？
6. 用 Stretch 命令拉伸图形，在选择图形时应注意什么？
7. 捕捉、栅格各有什么作用？
8. 对象捕捉的功能是什么？如何设置？
9. 如果没有打开自动捕捉功能，也可以使用自动追踪吗？
10. 新建一个图形文件，并创建如表 2-2 所示的图层。

表 2-2　题 10 图层

序号	图层名称	颜色	线型	线宽
1	粗实线	白色	Continous	0.7
2	细实线	红色	Continous	0.35
3	中心线	洋红色	CENTER	0.35
4	虚线	青色	DASHED	0.35
5	双点划线	绿色	DIVIDE	0.35

11. 利用直线、复制等命令绘制图 2-69。
12. 通过相对极坐标法绘制图 2-70。

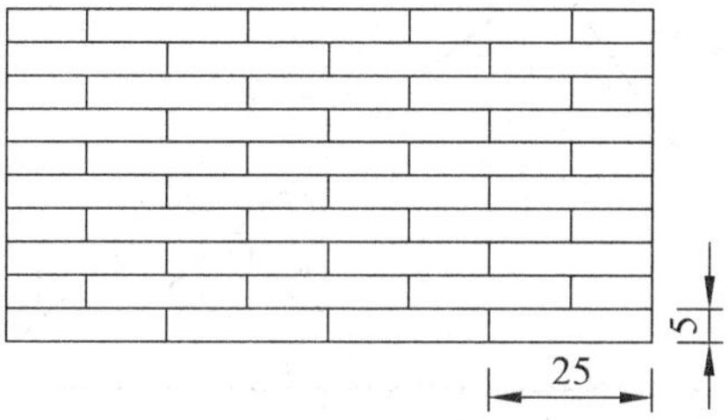

图 2-69 题 11 图

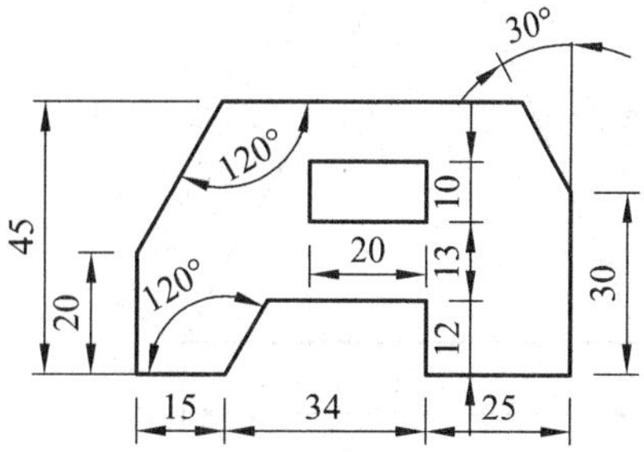

图 2-70 题 12 图

13. 利用阵列命令，辅以修剪、捕捉、多边形绘制等方法完成图 2-71 中各图的绘制，个别图形需利用定数等分。

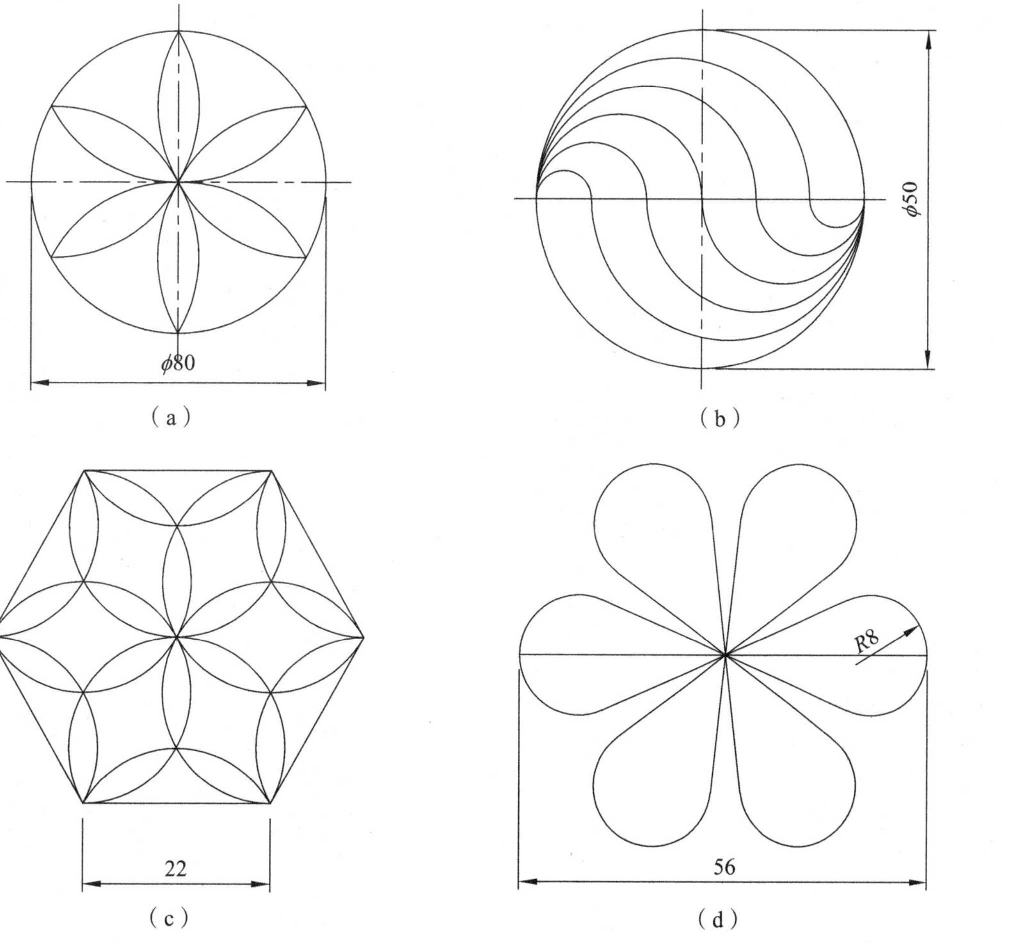

(a)

(b)

(c)

(d)

图 2-71 题 13 图

14. 绘制图 2-72 中各图。

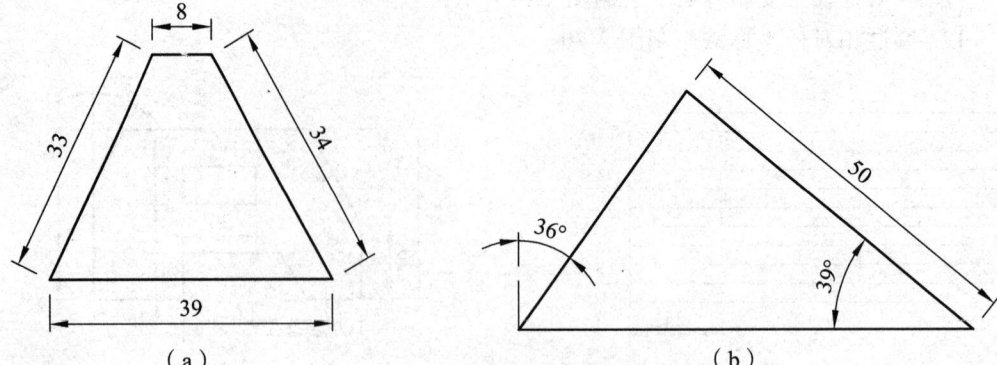

图 2-72 题 14 图

项目三　文字、尺寸标注及表格

完整的工程图样中，图形只能表达物体的形状结构，而物体的真实大小和各部分的相对位置关系则需要通过尺寸标注来确定。精确的尺寸标注是图形参数化的直接表现，也是构图的一个重要环节。图样中还要有必要的文字注解，以便能更好地诠释和表达图形无法表达和传递的信息，使图纸能更准确地体现设计者的设计思想和设计意图，便于更直观、更容易地交流。此外，表格也是工程图纸不可或缺的一部分，表格是一种按照行和列包含文字数据的对象，如工程图样中的标题栏、明细表等，其与文字一样，表格也属于非图形数据。

任务一　文　字

项目简介

在一幅工程图中，通常需要使用不同的文字字体、字高、倾斜角度来标注不同的内容。为了适应这种要求，在标注文字之前要定义各种文字样式，然后选用不同的文字样式来进行标注。

一、任务要求

项目微课

设置符合我国制图国家标准的文字样式，并书写标题栏文字，如图 3-1 所示。

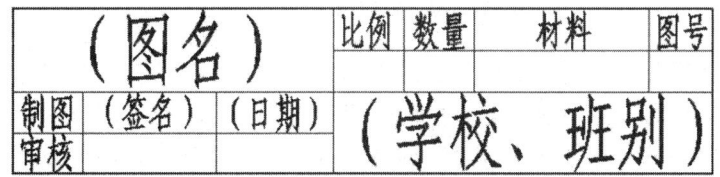

图 3-1　简化格式的标题栏文字

二、任务实施步骤

（1）打开"A4 图框.dwg"文件。
（2）设置所需的文字样式。
建议在 AutoCAD 中设置两种文字样式：一种用于尺寸标注（英文及数字），另一种用于书写技术要求汉字等，如表 3-1 所示。

表 3-1　文字样式设置表（仅供参考）

文字样式名	应用范围	字体文件	大字体	字高	宽度因子
尺寸	英文及数字	gbenor.shx	gbcbig.shx	0	1
长仿宋体	长仿宋体字	仿宋_GB2312		0	0.7

说明：① 字高在文字输入时按需要再设定。
② gbenor.shx 字体文件可以实现中西文混写，如"2×ϕ10 配作"。
③ 仿宋_GB2312 字体文件只能书写汉字和数字，不能书写 ϕ 等符号。

制图文字样式的设置步骤如下：
① 设置"尺寸"文字样式，用于书写西文及数字。操作步骤如下：
● 执行"格式"→"文字样式"命令或单击样式工具栏中的 按钮。
● 输入命令后，将弹出如图 3-2 所示的"文字样式"对话框，按图示步骤进行设置即可新建文字样式。

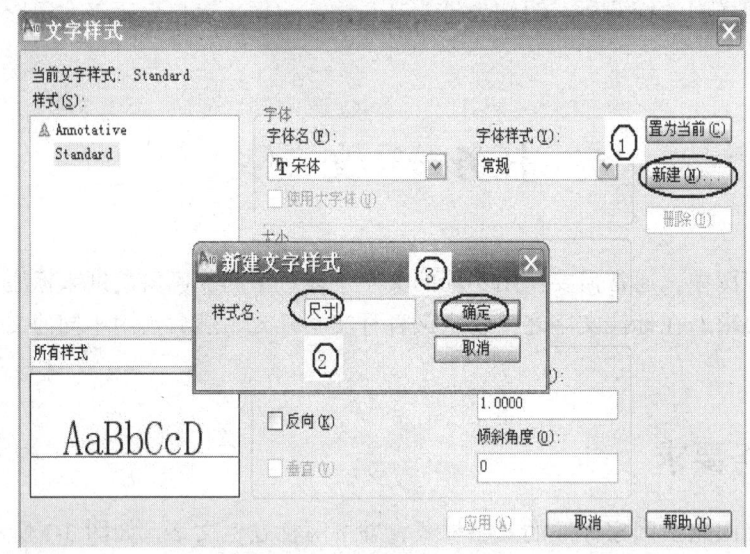

图 3-2　"文字样式"对话框

● 执行完上述操作后，回到"文字样式"对话框，如图 3-3 所示。单击"字体"区"字体"文本框后的下拉箭头，从弹出的文本框中选择"gbenor.shx"字体和"gbcbig.shx"字体，然后依次单击"应用"和"关闭"按钮，即可完成"尺寸"文字样式的设置。
② 设置"长仿宋体"文字样式，用于书写汉字。
操作步骤同上，详细步骤见图 3-4 和图 3-5。
（3）将"长仿宋体"设为当前文字样式。
（4）书写标题栏中的文字。
① 运用"单行文字"命令书写文字。
运用"单行文字"命令在标题栏中书写"制图"二字，如图 3-6 所示。操作命令为：执行"绘图"→"文字"→"单行文字"命令。单行文字主要用来创建文字内容较少的文字对象，一次写入的文字均是独立的对象，可对其进行重定位、调整格式和其他修改操作。

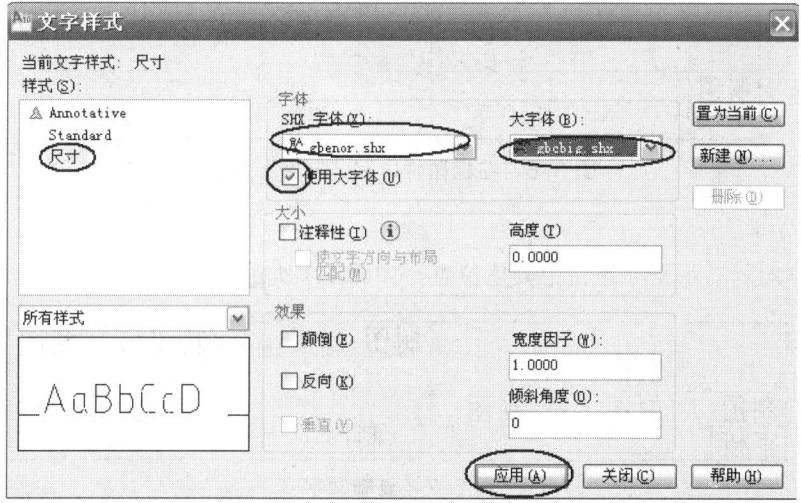

图 3-3 设置"尺寸"文字样式

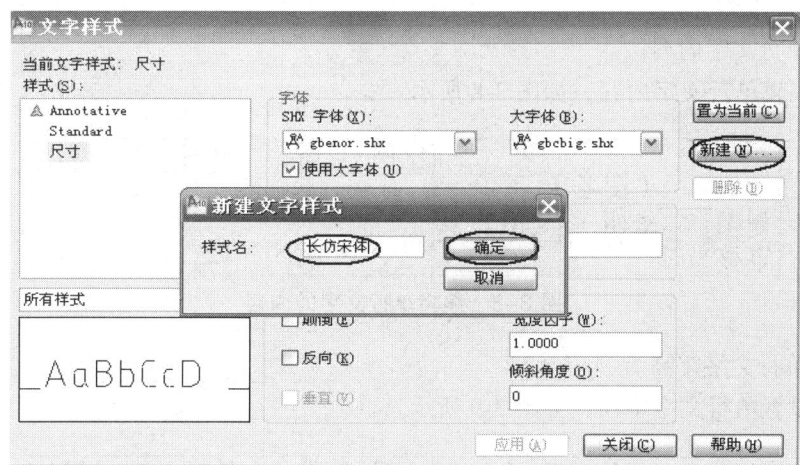

图 3-4 新建"长仿宋体"文字样式

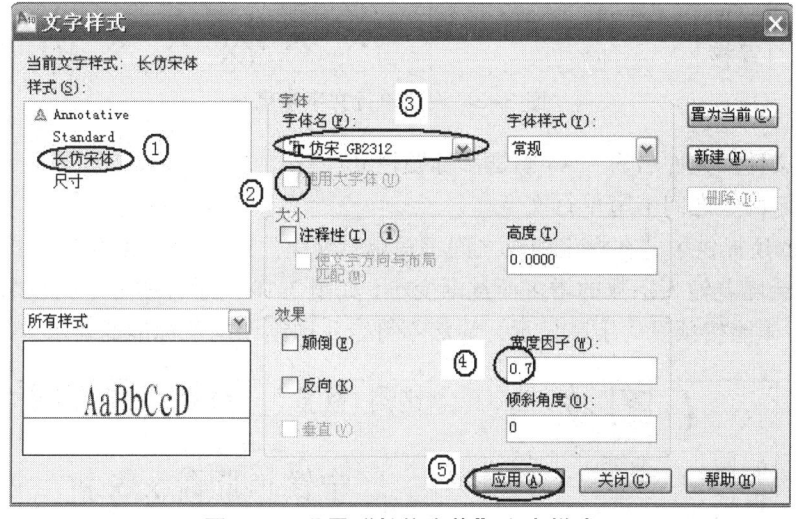

图 3-5 设置"长仿宋体"文字样式

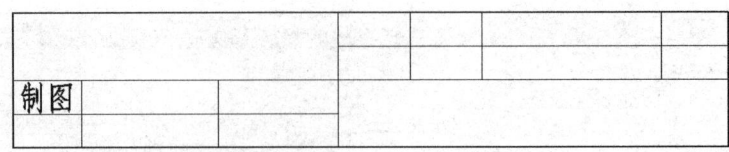

图 3-6　在标题栏中写"制图"文字

② 复制文字。

复制"制图"二字至标题栏中其他位置，如图 3-7 所示。

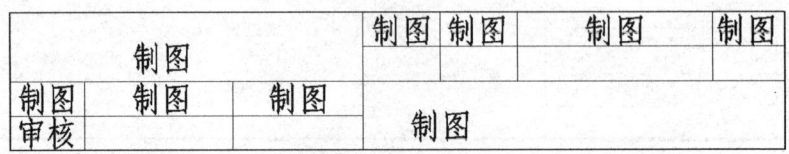

图 3-7　复制文字

③ 编辑单行文字。

● 编辑单行文字内容。

按要求编辑单行文字内容，如图 3-8 所示。

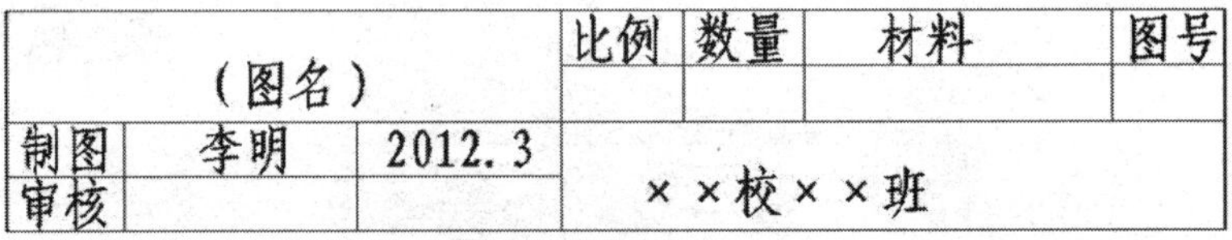

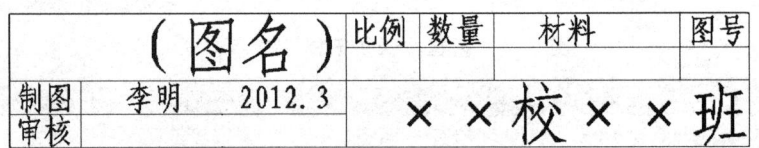

图 3-8　编辑单行文字的内容

● 设置单行文字字高。

按要求设置单行文字字高，如图 3-9 所示。

图 3-9　设置单行文字字高

④ 保存文件，文件名为"A4 图框和标题栏.dwg"。

⑤ 在指定两点之间书写单行文字。

AutoCAD 还提供了"在指定两点之间书写单行文字"的功能。运用该方法书写文字时，文字"字高"会随着输入字数的增多而逐渐变小，如图 3-10 所示标题栏中的校名、班别文字。变小后的文字未能按预设的字高显示，显然不符合我国制图国家标准的要求。

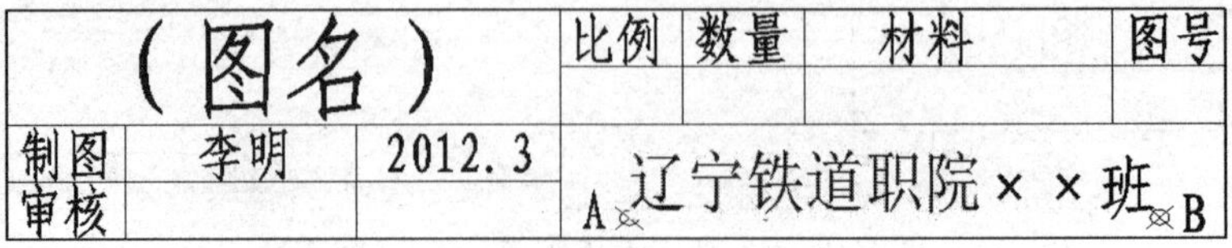

图 3-10　在指定两点之间书写单行文字

5. 多行文字的创建与编辑

1）创建多行文字

多行文字又称为段落文字，由两行以上的文字组成。在工程制图中，常使用多行文字作为较为复杂的文字说明，如技术要求等。操作命令为"绘图"→"文字"→"多行文字"。

2）编辑多行文字

双击待编辑的多行文字，系统将弹出多行文字编辑器，可对文字的内容、字高、字体样式等进行编辑，如图3-11所示。

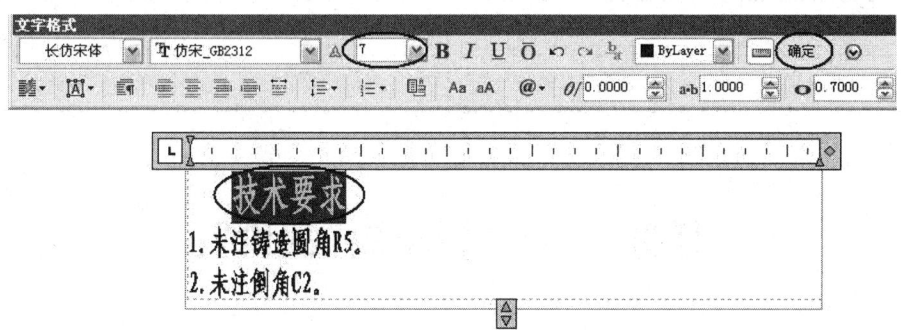

图 3-11　多行文字编辑器

6. 特殊字符的输入

若需输入特殊字符，通过"字符映射表"调用特殊字符，操作步骤如图3-12所示。

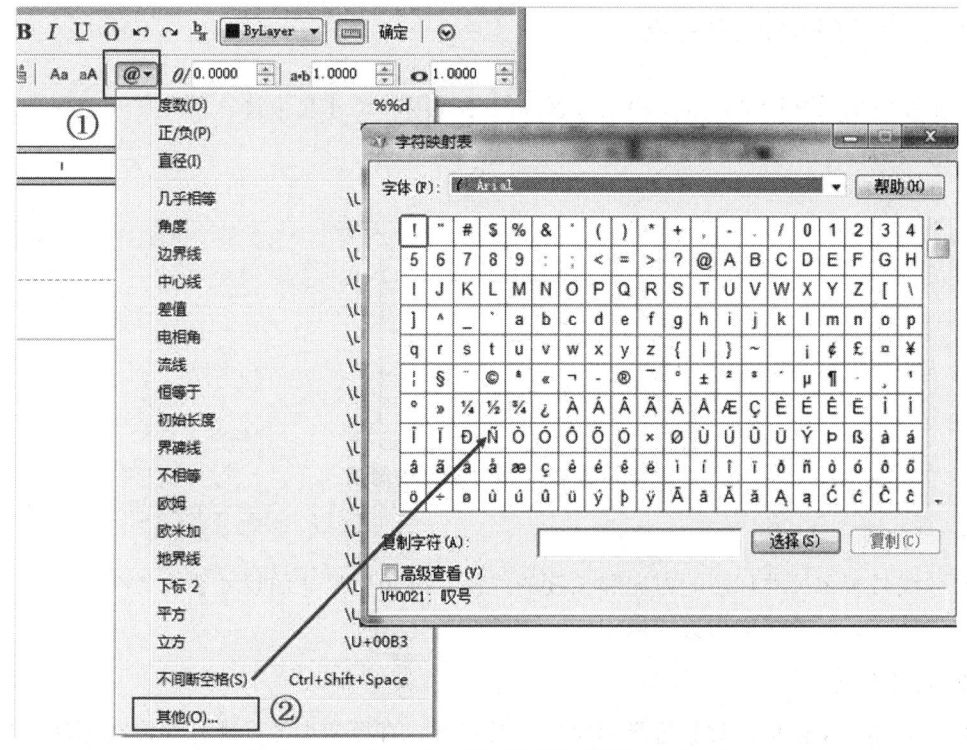

图 3-12　通过"字符映射表"调用特殊字符

在 AutoCAD 中，部分符号是键盘上没有的，需要用特定的输入方式输入。常用符号的输入法如表 3-2 所示。

表 3-2 常用符号的输入法

特殊符号	输入方法	输入样例	显示结果
度数°	%%D	30%%D	30°
直径φ	%%C	%%C50	φ50
正负号±	%%P	%%P0.000	±0.000
下画线	%%U	%%U平面图	_平面图

任务二 尺寸标注样式设置

尺寸标注是绘图设计工作中相当重要的一个环节，其能够表达图中各个对象的真实大小和相对位置关系。AutoCAD 包含了一套完整的尺寸标注命令和使用程序，可以轻松完成图纸中要求的尺寸标注。

一、尺寸标注的组成

一个完整的尺寸标准，通常由尺寸线、尺寸界限、尺寸起止符、尺寸文本等部分组成，如图 3-13 所示。

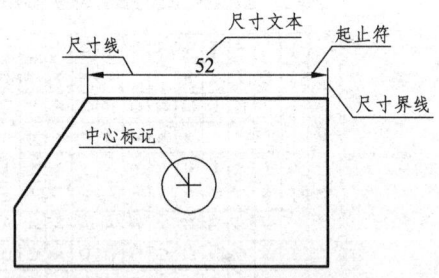

图 3-13 尺寸标注的组成

1. 尺寸线

尺寸线是表示尺寸标注的方向和长度的线段。除角度尺寸的尺寸线为弧线之外，其他类型的尺寸标注其尺寸线均为直线段。

2. 尺寸界线

尺寸界线是从被标注对象边界到尺寸线的直线，直径和半径尺寸标注往往不使用尺寸界限，而是将尺寸线直接标注在内部。

3. 尺寸起止符

尺寸起止符是添加在尺寸线两端的终端符号，如 45°短斜线、箭头等。

4. 尺寸文本（或尺寸数字）

尺寸文本是一个文本字符串，用于表示被标注对象的长度或角度。尺寸文本可以包含前缀、后缀、公差等。

5. 引　线

引线是从注释到被标注对象之间的连线。当被标注对象太小或尺寸界限间的间距太窄而放不下尺寸文本时，通常需采用引线标注。

6. 中心标注

中心标注是指用于标注圆或圆弧中心的十字标记。

二、创建尺寸标注样式

为了保证图纸上的所有尺寸标注都具有相同的形式和统一的风格，使图面清晰易读，通常在尺寸标注之前先定义各种标注类型的格式，并为这些格式命名，称为创建尺寸标注样式。

创建尺寸标注样式的方法有四种，具体为：

（1）执行"格式"→"标注样式"命令。
（2）执行"标注"→"标注样式"命令。
（3）单击"标注"工具栏上的 按钮。
（4）在命令行输入 Dimstyle（或 D）。

执行上述操作后，打开"标注样式管理器"对话框，按如图 3-14 所示步骤设置尺寸标注样式"jianzhu"。

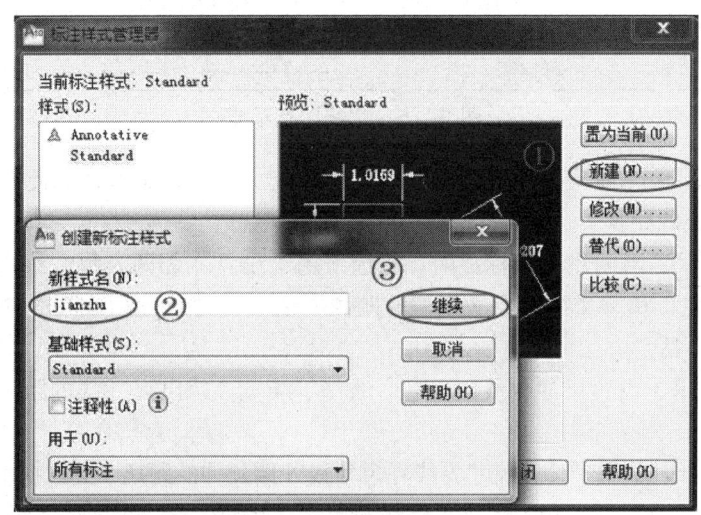

图 3-14　"标注样式管理器"对话框

设置完毕后，将弹出如图 3-15 所示的"新建标注样式"对话框。下面详述该对话框内各选项的含义。

1."线"标签

1)"尺寸线"区

"尺寸线"区用于设置尺寸线的颜色、线型、线宽、超出标记、基线间距及是否隐藏尺寸线等外观属性，如图 3-15 所示。

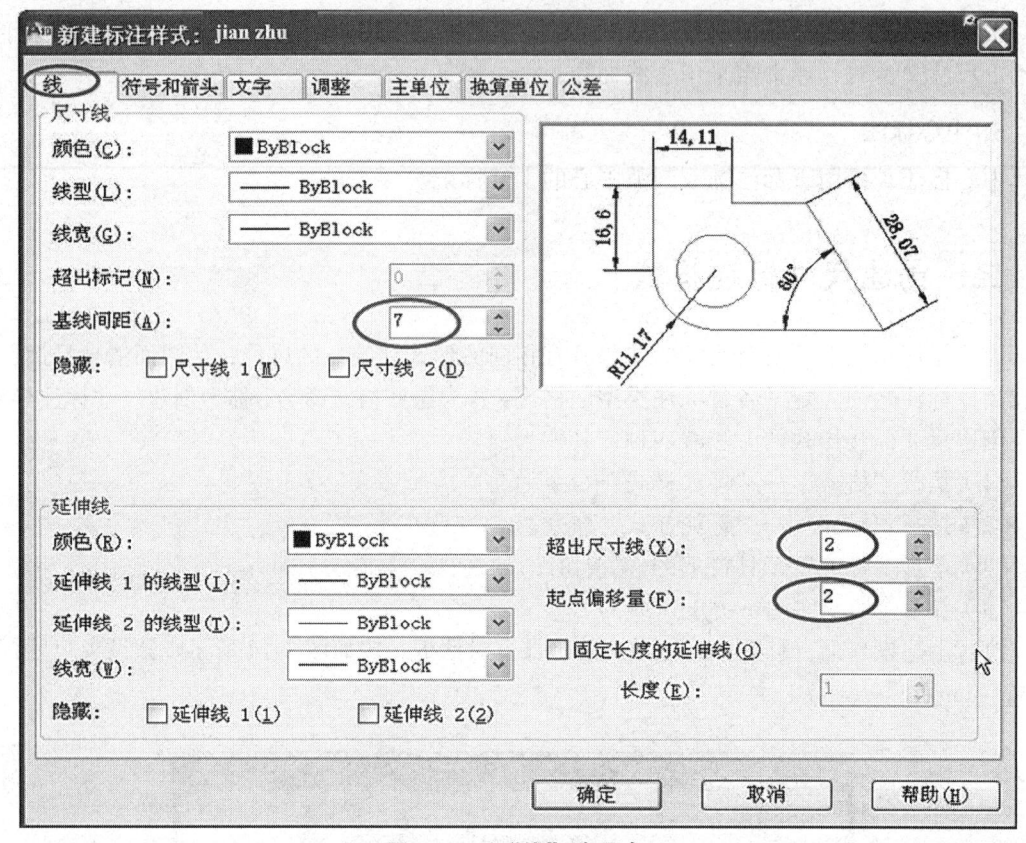

图 3-15 "线"选项卡

① "超出标记"：当箭头使用建筑标记、倾斜标记、小点标记等时，此选项可用于设置尺寸线超出尺寸界限的距离。

② "基线间距"：当创建基线标注时，此选项用于设置相邻两条尺寸线之间的距离，此值应大于"文字高度"和"文字从尺寸线偏移距离"之和（建议此值设置为 7 mm）。

2)"延伸线"区

"延伸线"区用于设置尺寸界线的颜色、线型、线宽、超出尺寸线的距离、起点偏移量等外观属性。

① "超出尺寸线"：用于设置尺寸界线在尺寸线外侧延伸的距离（建议此值设为 2~3 mm）。

② "起点偏移量"：用于设置尺寸界线与尺寸界线原点之间的偏移距离（建议此值设为 2~3 mm）。

③ "固定长度的延伸线":决定是否使用固定长度的延伸线。

2. "符号和箭头"标签

此标签用于设置箭头、圆心标记、弧长符号和半径折弯标注的相关参数,如图3-16所示。

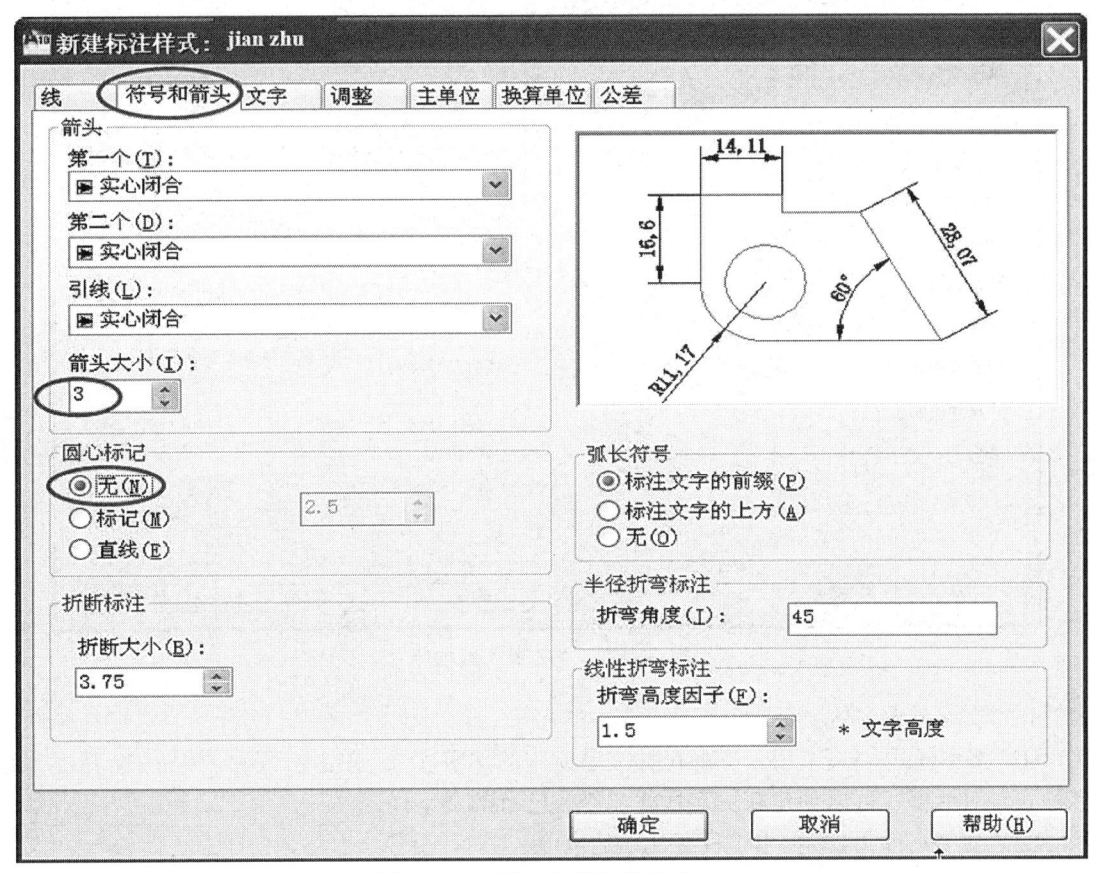

图3-16 "符号和箭头"选项卡

"箭头"区各项:

① "第一个(T)""第二个(D)":用于设置尺寸线两端的箭头类型。

用户可单击右侧的下拉菜单选择箭头类型。由于线路工程图的国标规定用"单边箭头",若已画好单边箭头并创建为图块,可单击"第一个"文本框右边的下拉菜单,在下拉列表中选择"用户箭头"命令,在弹出的"选择自定义用户块"对话框列表中选择已创建的"单边箭头"图块,然后单击"确定"按钮,回到显示"符号和箭头"标签的"新建标注样式"对话框中。

② "引线(L)":当创建快速引线标注时,此选项用于设置引线的箭头。

③ "箭头大小(I)":用于设置箭头的尺寸大小(若用自定义的单边箭头,则此值设为1)。

3. "文字"标签

此标签用于设置尺寸文字的样式、颜色、高度以及是否使用边框等外观属性,并可以指定尺寸文字的位置和对齐方式,如图3-17所示。

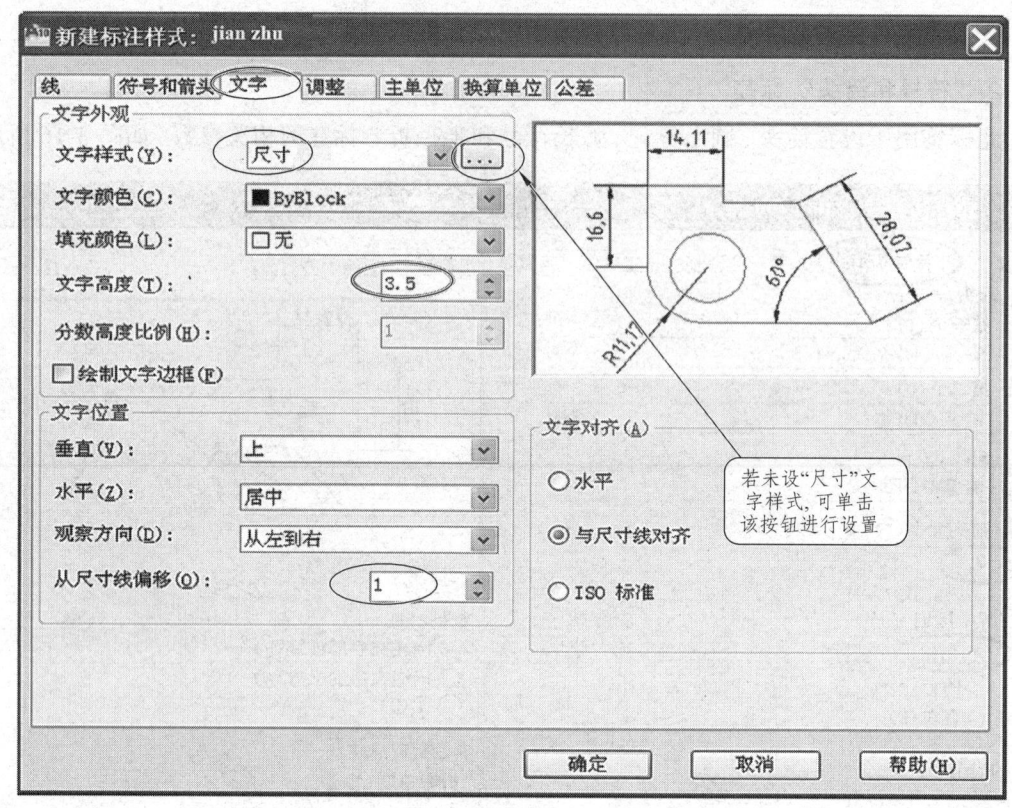

图 3-17 "文字"选项卡

1)"文字外观"区

①"文字样式(Y)":用于选择尺寸文字应用的文字样式。单击右侧 ... 按钮,会弹出"文字样式"对话框,可以创建新文字样式或修改已有的文字样式。

②"文字高度(T)":用于设置文字的高度。

2)"文字位置"区

①"垂直(V)":用于设置尺寸文字和尺寸线在垂直方向上的相对位置(建议此项设为上方)。

②"水平(Z)":用于设置尺寸文字和尺寸线在水平方向上的相对位置(建议此项设为居中)。

③"从尺寸线偏移(O)":用于设置尺寸文字与尺寸线之间的间距。

3)"文字对齐"区

该区域用于设置尺寸文字在尺寸界线内或尺寸界线外的方向(建议此项设为与尺寸线对齐)。

4."调整"标签

该标签用于设置尺寸文字、箭头以及与尺寸界限之间的位置关系,如图 3-18 所示。

(1)"调整选项(F)"区:当尺寸线之间的距离不足以放置尺寸文字和箭头时,该区域中的选项用于设置尺寸文字和箭头的移出方式(建议此项设为"文字和箭头")。

(2)"文字位置"区:当系统将尺寸文字放置到尺寸界限的外侧时,此选项用于设置文字相对于尺寸线的位置,以及是否添加引线(建议此选项设置为"尺寸线旁边")。

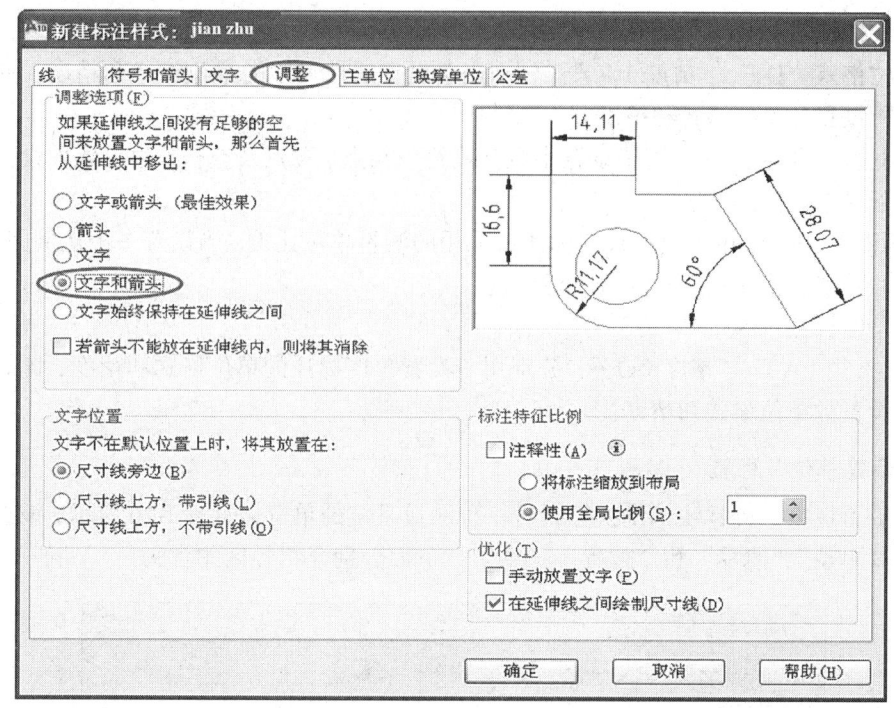

图 3-18 "调整"选项卡

5."主单位"标签

该标签用于设置主标注单位的格式、精度、小数分隔符、尺寸文字的前缀和后缀以及是否对尺寸文字进行消零处理,如图 3-19 所示。

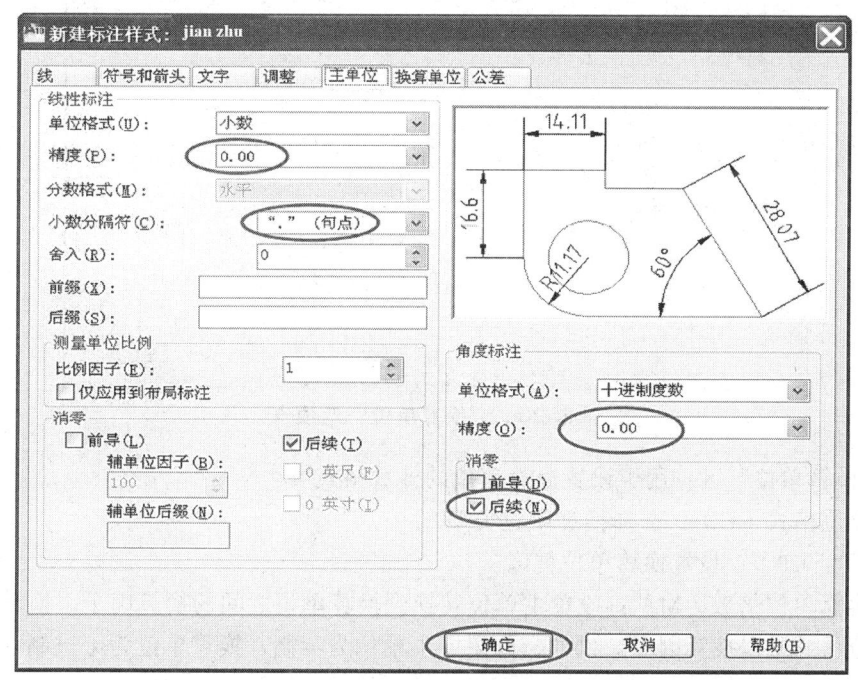

图 3-19 "主单位"选项卡

1)"线性标注"区

①单位格式(U)、"精度(P)":分别用于设置线性尺寸的单位格式和精度,此时显示绘图环境所设置的单位格式和精度。

②"小数分隔符(C)":用于设置小数分隔符为句点、逗点及空格(建议此项设为句点)。

2)"测量单位比例"区

"比例因子(E)":用于设置线性标注所采用的测量单位比例。当设置一个比例因子值后,测量的尺寸乘以这个比例因子为最终标注的尺寸。

3)"角度标注"区

"单位格式(A)"、"精度(O)":分别用于设置角度标注的单位格式和精度,此时显示绘图环境所设置的单位格式和精度。

6."换算单位"标签

该标签可以将一种标注单位换算到另一种测量系统的单位,如图 3-20 所示,该选项卡中包含"换算单位""消零"和"位置"三个区,下面分别介绍各区的含义。

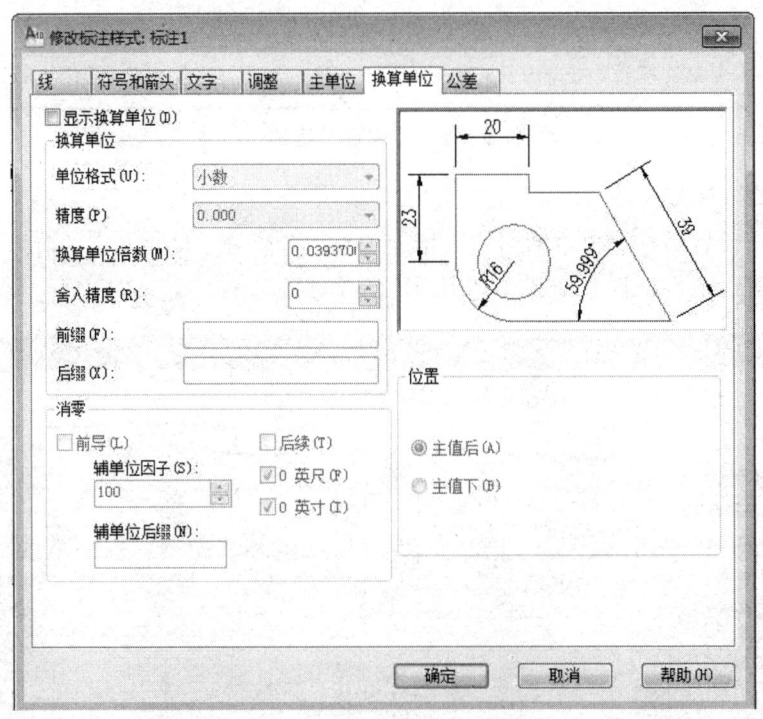

图 3-20 "换算单位"选项卡

(1)"换算单位"区:用于设置换算单位的外观格式。

①"单位格式(U)":选择换算单位类型。

②"精度(P)":设置换算单位精度。

③"换算单位倍数(M)":设置主单位转换到换算单位之间的换算因子。换算单位尺寸等于主单位尺寸乘以换算因子。例如,如果以主单位为英制,换算单位为十进制,则换算因子应设置为 25.4。

④ "舍入精度（R）"：设置换算单位尺寸数字的尾数舍入规则。
⑤ "前缀（F）"和"后缀（X）"：设置替换单位文本的固定前缀和固定后缀。例如，在"前缀"文本框内输入控制代码"%%C"显示直径符号"Φ"。
（2）"消零"区：用于设置是否省略尺寸数字后面的"0"。
（3）"位置"区：用于设置换算单位尺寸的位置。
① 主值后（A）。选择此项后，换算单位尺寸放置在主单位尺寸后面。
② 主值下（B）。选择此项后，换算单位尺寸放置在主单位尺寸下面。

7. "公差"标签

该标签用于指定公差格式和输入上下偏差，如图 3-21 所示。该选项卡包括"公差格式""公差对齐""消零""换算单位公差"4 个区。下面分别介绍各区的含义。

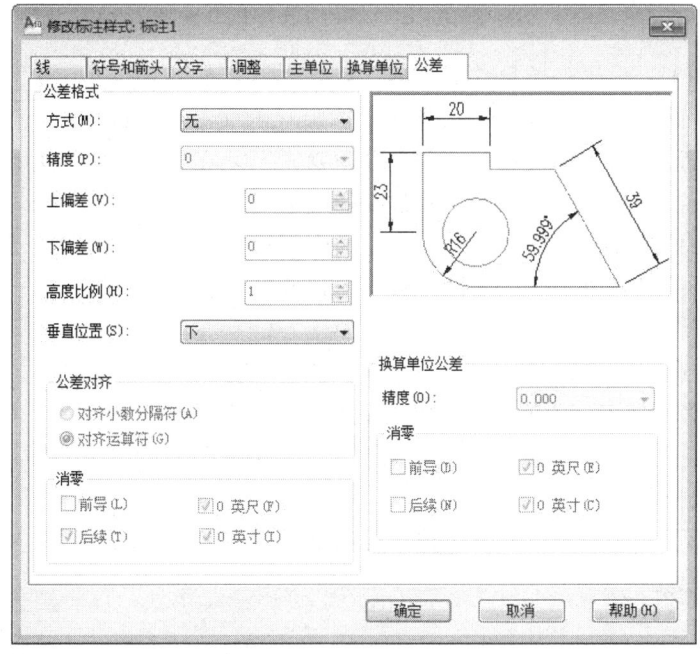

图 3-21 "公差"选项对话框

1）"公差格式"区

（1）"方式（M）"。选择标注公差尺寸的类型。单击下拉箭头，显示"无""对称""极限偏差""极限尺寸""基本尺寸"五种公差尺寸类型。具体如下：

① "无"。只显示标注基本尺寸，不标注公差，即尺寸文本后面不带任何尺寸公差，如图 3-22（a）所示。

② "对称"。当上、下偏差的绝对值相等时，在公差前加注"±"号，只需输入上偏差值，如图 3-22（b）所示。

③ "极限偏差"。该选项是分别设置上、下偏差值。自动加注"+"号在上偏差值前面；加注"-"号在下偏差值前面，如图 3-22（c）所示。

④ "极限尺寸"。该选项是直接标注最大和最小极限尺寸数值，即标注两个并排的尺寸文本，排在上面的为最大极限值，排在下面的为最小极限值，如图 3-22（d）所示。此时，用户可在"上

偏差（V）"文本框内输入最大极限偏差值，在"下偏差（W）"文本框内输入最小极限偏差值。尺寸的最大极限值等于基本尺寸值加上"上偏差（V）"文本框内所确定的最大极限偏差值。尺寸的最小极限值等于尺寸数值减去"下偏差（W）"文本框内所确定的最小极限偏差值。

⑤"基本尺寸"。该选项是只标注基本尺寸，不标注上下偏差，并在基本尺寸文本外面加上一个文本框，如图 3-22（e）所示。

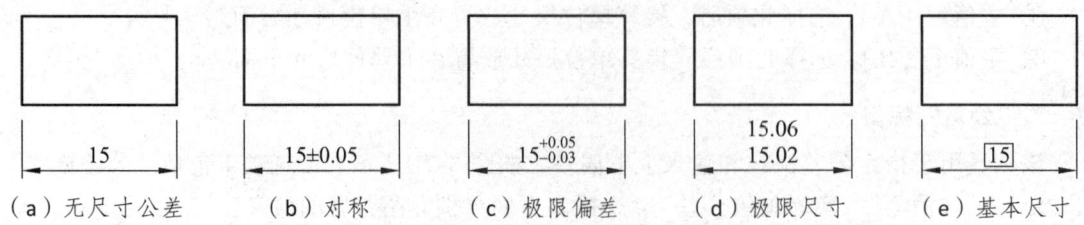

图 3-22 公差标注方式

（2）"精度（P）"：设置公差尺寸的精度。
（3）"高度比例（H）"：用于设置公差和基本尺寸的文字高度的比值。
（4）"垂直位置（S）"：用于设置公差尺寸与基本尺寸在垂直方向上的相对位置。
① "下"是公差尺寸数字与基本尺寸数字的底部对齐。
② "中"是公差尺寸数字与基本尺寸数字的中间对齐。
③ "上"是公差尺寸数字与基本尺寸数字的顶部对齐。
2）"公差对齐"区。
该区是指定公差对齐的符号。
（1）"对齐小数分隔符（A）"：指定上、下偏差文字在小数点处对齐。
（2）"对齐运算符（G）"：指定上、下偏差文字在运算符号处对齐
3）"换算单位公差"区。
该区仅在选择了"显示单位换算单位"复选框才可以使用，用于对换算单位尺寸的公差精度和消零进行设置。

任务三　尺寸标注与编辑

一、尺寸标注

1. 线性标注

线性标注用于标注两点之间的水平或垂直尺寸，如图 3-23 所示。
1）命令激活方法
（1）在命令行内输入"Dimlinear 或（DLI）"，并按<Enter>键确认。
（2）在菜单栏执行"标注"→"线性"命令。
（3）单击"标注"工具栏中的"线性"按钮 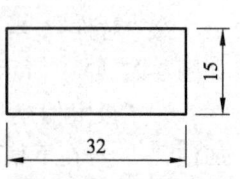 。

图 3-23 线性标注

2）操作方法

激活命令后，命令行提示：

指定第一条延伸线原点或<选择对象>：（捕捉标注对象的端点）

指定第二条延伸线原点：（捕捉标注对象的另一个端点）

指定尺寸线位置或[多行文字（M）/文字（T）/角度（A）/水平（H）/垂直（V）/旋转（R）]：（在适当位置指定尺寸线的位置或按要求输入选项）

3）选项说明

（1）多行文字（M）：选择该选项后，系统弹出如图3-24所示的"多行文字编辑器"对话框，用户可以在此对话框内更改或输入多行文本，也可以在系统实际测量值前面添加尺寸前缀或在后面添加尺寸后缀。例如，在长度尺寸测量数值前输入控制码"%%C"，便在系统实际测量值"15"前面添加了直径符号"φ"。

图3-24 "多行文字编辑器"对话框

（2）文字（T）：该选项用于修改和编辑当前尺寸文字。用户输入"T"并按<Enter>键后，系统将提示"输入标注文字<当前值>："，尖括号内的"当前值"是系统自动测量或计算的基本尺寸文本，如果用户直接按<Enter>键，则表示默认这个基本尺寸文本。如果用户输入另一个尺寸文本并按<Enter>键，系统则按输入的文本尺寸进行标注。

（3）角度（A）：该选项用于设置尺寸文字的倾斜角度。用户输入"A"并按<Enter>键后，系统提示"指定标注文字的角度："。如果用户直接按<Enter>键，则按默认的0度进行标注。

（4）水平（H）：标注水平尺寸。无论标注什么方向的线段，尺寸线均水平放置。用户输入"H"并按<Enter>键后，系统将提示"指定尺寸线位置或[多行文字（M）/文字（T）/角度（A）]："，各选项的含义同前。

（5）垂直（V）：标注垂直尺寸。无论标注什么方向的线段，尺寸线均垂直放置。用户输入"V"并按<Enter>键后，系统将提示"指定尺寸线位置或[多行文字（M）/文字（T）/角度（A）]："，各选项的含义同前。

（6）旋转（R）：该选项用于设置尺寸线的旋转角度。用户输入"R"并按<Enter>键后，系统提示"指定尺寸线的角度<0>："。用户可直接按<Enter>键选用默认值，也可键入新的旋转角度。

2. 对齐标注

对齐标注是线性标注尺寸的一种特殊形式。若直线的倾斜角度未知，可以使用对齐标注，如图3-25所示。

图3-25 对齐标注

1）命令激活方法

（1）在命令行内输入"Dimaligned 或（Dal）"，并按<Enter>键确认。

（2）在菜单栏执行"标注"→"对齐"命令。

（3）单击"标注"工具栏中的"对齐"按钮。

2）操作方法

操作方法同线性标注。

3. 弧长标注

弧长标注用来标注圆弧线段或多段线圆弧线段部分的弧长，如图 3-26 所示。

1）命令激活方法

（1）在命令行内输入"Dimarc"，并按<Enter>键确认。

（2）在菜单栏执行"标注"→"弧长标注"命令。

（3）单击"标注"工具栏中的"弧长"按钮。

2）操作方法

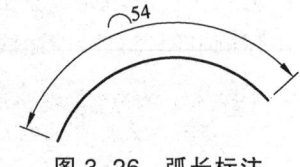

图 3-26 弧长标注

激活命令后，命令行提示：

选择弧线段或多段线圆弧段：（选择要标注弧长的对象）

指定弧长标注位置或 [多行文字（M）/文字（T）/角度（A）/部分（P）/引线（L）]：（在适当位置指定弧长标注位置或按要求输入选项）

3）选项说明

多行文字（M）、文字（T）、角度（A）说明同前。

● 部分（P）：该选项用于标注部分圆弧的弧长。用户输入"P"并按<Enter>键后，系统出现如下提示：

指定弧长标注的第一个点：（捕捉标注对象的端点）

指定弧长标注的第二个点：（捕捉标注对象的另一个端点）

指定弧长标注位置或 [多行文字（M）/文字（T）/角度（A）/部分（P）/]：（各选项说明同前，用户可在适当位置指定弧长标注位置或按要求输入选项）。

● 引线（L）：该选项用于向圆弧标注作引线。

4. 基线标注

在工程图中，如果一组尺寸标注共用一条尺寸界线，就称这条共用尺寸界线为基线，称这组尺寸标注为基线标注，如图 3-27 所示。

注意：在进行基线标注之前，用户必须先标出一个尺寸，以便系统默认基线或用户指定基线。系统默认基线标注之前的第一尺寸界线为基线。

1）命令激活方法

（1）在命令行内输入"Dimbaseline 或（Dba）"，并按<Enter>键确认。

（2）在菜单栏执行"标注"→"基线"命令。

（3）单击"标注"工具栏中的"基线"按钮。

2）操作方法

激活命令后，命令行提示：

> 指定第二条延伸线原点或 [放弃（U）/选择（S）] <选择>：（捕捉基线标注的第二个端点或按要求输入选项）

3）选项说明

● 放弃（U）：该选项用于删除最近一次基线标注。用户输入"U"并按<Enter>键后，系统将会删除最近一次基线标注。

● 选择（S）：该选项用于选择基线标注的基线。如果用户在上面提示符下直接按<Enter>键或输入"S"并按<Enter>键后，将会出现如下提示：

> 选择基准标注：（选择基线标注，按<Enter>键确认）
> 指定第二条延伸线原点或 [放弃（U）/选择（S）] <选择>：（捕捉基线标注的第二个端点或按要求输入选项）

之后一直反复"指定第二条延伸线原点或 [放弃（U）/选择（S）] <选择>："的提示，直至用户按<Esc>键退出基线标注为止。

5．连续标注

连续标注可创建一系列端对端放置的标注，每个连续标注均从上一个标注的第二个尺寸界线处开始，如图 3-28 所示。

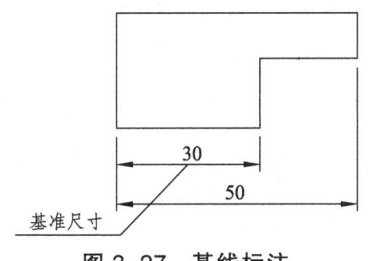
图 3-27 基线标注

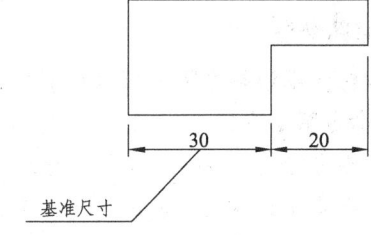
图 3-28 连续标注

注意：在进行连续标注之前，用户必须先标出一个尺寸，以便系统默认基准尺寸或用户指定基准尺寸。系统默认连续标注之前的尺寸界线为连接界线。

1）命令激活方法

（1）在命令行内输入"Dimcontinue 或（Dco）"，并按<Enter>键确认。

（2）在菜单栏执行"标注"→"连续"命令。

（3）单击"标注"工具栏中的"连续"按钮 。

2）操作方法

激活命令后，命令行提示：

> 指定第二条延伸线原点或 [放弃（U）/选择（S）] <选择>：（捕捉连续标注的第二个端点或按要求输入选项）

之后反复出现这一提示，直至用户按<Esc>键退出连续标注为止。

3）选项说明

各选项说明同基线标注。

6．半径标注

半径标注用于标注圆和圆弧的半径，如图 3-29 所示。

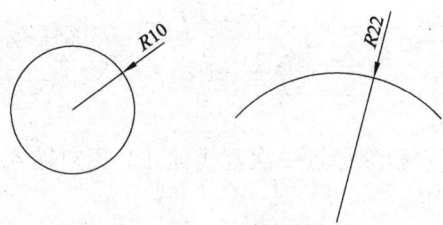

图 3-29 半径标注

1）命令激活方法

（1）在命令行内输入"Dimradius 或（Dra）"，并按<Enter>键确认。

（2）在菜单栏执行"标注"→"半径"命令。

（3）单击"标注"工具栏中的"半径"按钮。

2）操作方法

激活命令后，命令行提示：

选择圆弧或圆：（直接选中圆弧或圆）

指定尺寸线位置或[多行文字（M）/文字（T）/角度（A）]：在适当位置指定尺寸线位置或按要求输入选项。

7. 直径标注

直径标注用以标注圆和圆弧的直径，如图 3-30 所示。

1）命令激活方法

（1）在命令行内输入"Dimdiameter 或（Ddi）"，并按<Enter>键确认。

（2）在菜单栏执行"标注"→"直径"命令。

（3）单击"标注"工具栏中的"直径"按钮。

2）操作方法

执行"直径"命令，标注圆或圆弧的直径尺寸，方法与"半径"标注相似。

8. 折弯标注

若要标注的圆弧半径很大，在图上标注半径时因尺寸线过长而影响美观时，则需要使用折弯标注，如图 3-31 所示。

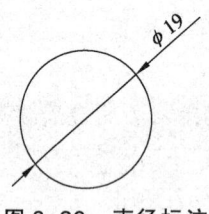
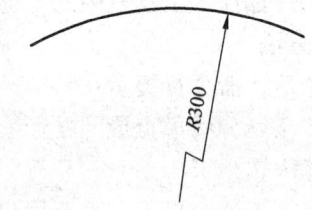

图 3-30 直径标注　　　　　图 3-31 折弯标注

1）命令激活方法

（1）在命令行内输入"dimjogged"，并按<Enter>键确认。

（2）在菜单栏执行"标注"→"折弯"命令。

（3）单击"标注"工具栏中的"折弯"按钮。

2）操作方法

激活"折弯"命令后，命令行提示：

选择圆弧或圆：直接选中圆弧或圆

指定图示中心位置：拖动鼠标指定圆弧或圆的中心位置

指定尺寸线位置或 [多行文字（M）/文字（T）/角度（A）]：在适当位置指定尺寸线位置或按要求输入选项。

指定折弯位置：拖动鼠标指定折弯位置

9. 圆心标记

圆心标记用以标注圆和圆弧的圆心。标注时只需要选择待标注圆心的圆弧或圆即可，如图 3-32 所示。

1）命令激活方法

（1）在命令行内输入"dimcenter"，并按<Enter>键确认。

（2）在菜单栏执行"标注"→"圆心标记"命令。

（3）单击"标注"工具栏中的"圆心标记"按钮 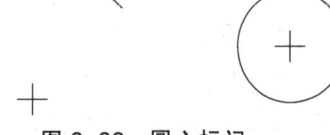。

图 3-32 圆心标记

2）操作方法

激活"圆心标记"命令后，命令行提示：

选择圆弧或圆：直接选中圆弧或圆

3）说明

对于大圆，可用该命令标记圆心位置；对于小圆，可用该命令代替中心线。

10. 角度标注

角度标注用以标注圆弧的角度、两条直线间的角度和三点间的角度，如图 3-33 所示。

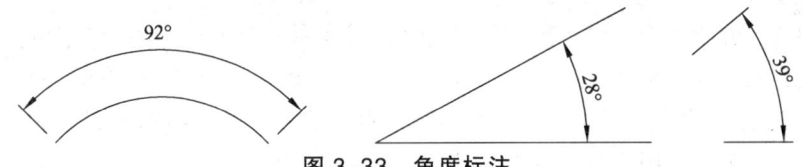

图 3-33 角度标注

1）命令激活方法

（1）在命令行内输入"dimangular 或（Dan）"，并按<Enter>键确认。

（2）在菜单栏执行"标注"→"角度"命令。

（3）单击"标注"工具栏中的"角度"按钮 。

2）操作方法

激活"角度"命令后，命令行提示：

选择圆弧、圆、直线或 <指定顶点>：直接选择圆弧、圆、直线或按<Enter>键通过指定三个点来创建角度标注

指定标注弧线位置或 [多行文字（M）/文字（T）/角度（A）/象限点（Q）]：在适当位置指定标注弧线位置或按要求输入选项

3）选项说明

（1）选择圆弧。系统自动以圆弧的两个端点作为尺寸界限的起点来标注角度。

（2）选择圆。系统将选择点作为第一条尺寸界线的起点，并提示如下：

指定角的第二个端点：在适当位置指定角的第二个端点
指定标注弧线位置或 [多行文字（M）/文字（T）/角度（A）/象限点（Q）]：含义同前

（3）选择直线。用户选择一条直线后，系统自动将该直线作为第一条尺寸界线的起点，并提示如下：

选择第二条直线：选择第二条直线。系统自动将该直线作为第二条尺寸界线的起点

（4）直接按<Enter>键。选择三点来标注角度。系统会做如下提示：

指定角的顶点：指定标注角的顶点
指定角的第一个端点：指定第一边的终点
指定角的第二个端点：指定第二边的终点
指定标注弧线位置或 [多行文字（M）/文字（T）/角度（A）/象限点（Q）]：含义同前

11. 引线标注

"快速引线"用于创建灵活多样的引线标注形式，指引线可带箭头或不带箭头，注释文本可以是多行文本，也可以是形位公差；可以从图形其他部位复制，也可以是一个图块。

1）命令激活方法

在命令行内输入"Qleader 或 le"，并按<Enter>键确认。

2）操作方法

启动 Leader 命令后，命令行提示：

指定第一个引线点或 [设置（S）]<设置>：指定引线起点或按<Enter>键设置指引标注参数。
指定下一点：指定引线第二点
指定下一点：指定引线第三点
指定文字宽度 <0>：输入多行文本的宽度（采用默认值）
输入注释文字的第一行 <多行文字（M）>：输入单行注释文本或多行注释文本。

当在"指定第一个引线点或[设置（S）]<设置>："提示下直接按<Enter>键，系统将弹出"引线设置"对话框，如图 3-34 所示。该对话框有"注释""引线和箭头""附着"三个选项卡，其中"注释"选项卡用于设置注释文本类型；"引线和箭头"选项卡用于选择引线和箭头类型、引线段数和角度；"附着"选项卡用于指定多行文字的位置。

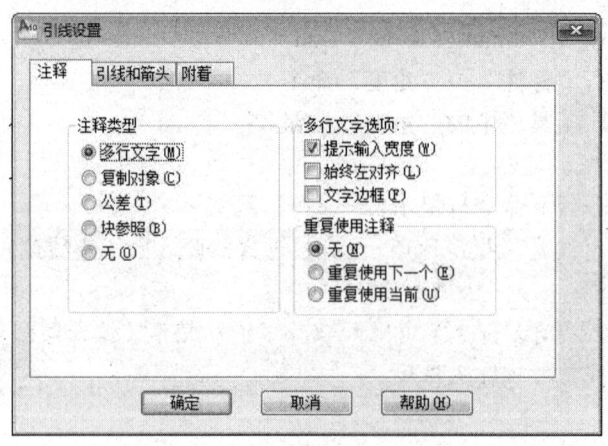

图 3-34 "引线设置"对话框

【例 3-1】利用 Leader 命令对如图 3-35 所示的图形进行引线标注。

解：（1）绘制图形

先绘制如图 3-35 所示的未进行引线标注的图形。

（2）引线标注

命令：输入"le"并按<Enter>键，启动 Leader 的命令。

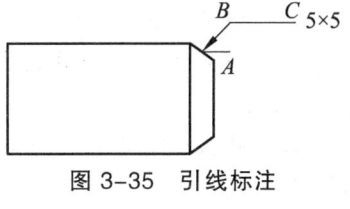

图 3-35　引线标注

指定第一个引线点或 [设置（S）]<设置>：指定图中 A 点
指定下一点：指定图中 B 点
指定下一点：指定图中 C 点
指定文字宽度 <0>：按<Enter>键，采用默认值
输入注释文字的第一行 <多行文字（M）>：输入"5×5"，按<Enter>键
输入注释文字的第一行 <多行文字（M）>：按<Enter>键结束操作

12. 多重引线标注

多重引线是 AutoCAD 2010 新增的功能。

1）命令激活方法

（1）在命令行内输入"Mleader"，并按<Enter>键确认。

（2）在菜单栏执行"标注"→"多重引线"命令。

（3）在工具栏上单击右键，选择"多重引线"，调出"多重引线"工具栏，如图 3-36 所示。

图 3-36　"多重引线"面板

2）多重引线管理器

在创建多重引线标注之前，一般需要定义多重引线标注样式。用户可通过"多重引线样式管理器"对话框来定义多重引线标注样式。执行菜单"格式"→"多重引线"命令，打开"多重引线样式管理器"对话框，如图 3-37 所示。

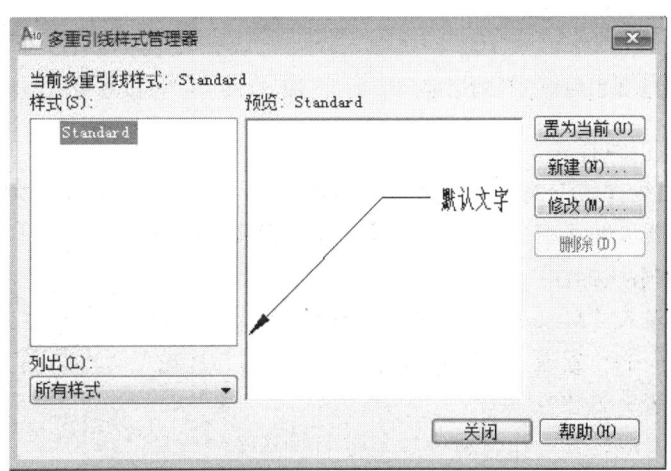

图 3-37　"多重引线样式管理器"对话框

（1）"样式（S）"：显示多重引线样式列表，当前样式被加亮。

(2)"列出(L)":控制样式列表的内容。

(3)"预览":显示样式列表框中选定样式的图像。

(4)"置为当前(U)":将样式列表框中选定样式设置为当前样式。

(5)"新建(N)":单击此按钮可打开"创建新多重引线样式"对话框,通过此对话框可创建新样式。

(6)"修改(M)":单击此按钮可打开"修改多重引线样式"对话框,通过此对话框可进行样式修改.

(7)"删除(D)":删除样式列表框中选定的多重引线样式,但不能删除正在使用的样式。

3)创建多重引线样式

单击"多重引线样式管理器"对话框中的"新建"按钮,打开"创建新多重引线样式"对话框,如图3-38所示。在"新样式名"文本框中输入要创建的新样式名,然后在"基础样式"文本框中指定用于创建新样式的样本,一般情况下选用"Standard"。单击"继续"按钮,系统将打开"修改多重引线样式"对话框,如图3-39所示。

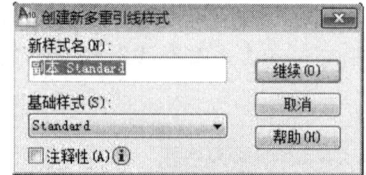
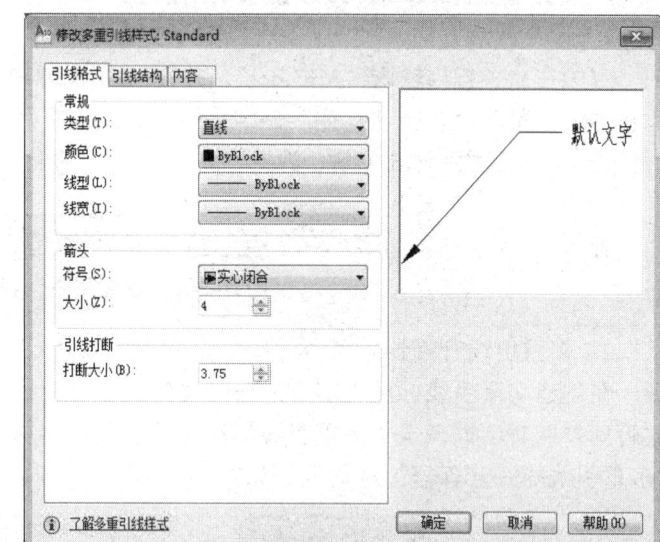

图3-38 "创建新多重引线样式"对话框　　图3-39 "修改多重引线样式"对话框

4)修改多重引线样式

"修改多重引线样式"对话框包含"引线格式""引线结构"和"内容"三个选项卡,用户可通过这些选项卡选择引线类型、设置引线外观和文字外观。

5)创建多重引线标注

在命令行内输入"Mleader",并按<Enter>键,系统出现如下提示:

指定引线箭头的位置或 [引线基线优先(L)/内容优先(C)/选项(O)] <选项>:在合适位置指定引线箭头的位置

指定引线基线的位置:在合适位置指定引线基线的位置

在文本框中输入属性值,按"确定"按钮结束标注。

【例3-2】利用Mleader命令对如图3-40所示图形进行多重引线标注。

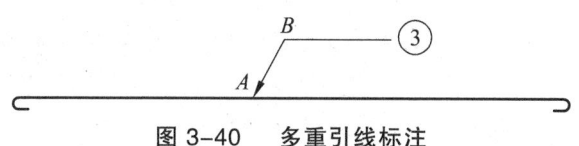

图 3-40　多重引线标注

解：

（1）绘制图形

先绘制如图 3-40 所示的未进行多重引线标注的图形。

（2）多重引线标注

命令：输入"Mleader"并按<Enter>键，启动 Mleader 命令。

指定引线箭头的位置或 [引线基线优先（L）/内容优先（C）/选项（O）]<选项>：指定图中 A 点

指定引线基线的位置：指定图中 B 点

在文本框中输入属性值"3"，并按"确定"按钮结束标注。

13．坐标标注

"坐标"用于测量原点到特征点的垂直距离，通过保持特征点与基准点之间的精确偏移量，来避免误差增大。坐标标注通常由 X 值（或 Y 值）和引线组成，X 基准坐标标注沿 X 轴测量特征点与基准点之间的距离；Y 基准坐标标注沿 Y 轴测量特征点与基准点之间的距离。

1）命令激活方法

（1）在命令行内输入"Dimaordinate 或 Dor"，并按<Enter>键确认。

（2）在菜单栏执行"标注"→"坐标"命令。

（3）单击"标注"工具栏上的"坐标"按钮  。

2）操作方法

命令行内输入"Dimaordinate"或"Dor"，并按<Enter>键确认，启动"坐标"命令后，命令行提示：

指定点坐标：捕捉特征点

指定引线端点或 [X 基准（X）/Y 基准（Y）/多行文字（M）/文字（T）/角度（A）]：指定引线端点或按要求输入选项

3）选项说明

● X 基准（X）：测量 X 坐标，并确定引线和标注文字的方向，命令行将提示"引线端点"，从中可指定端点位置。

● Y 基准（Y）：测量 Y 坐标，并确定引线和标注文字的方向。

其他选项意义同前。

【例 3-3】 利用 Dimaordinate 命令对图 3-41 所示图形进行坐标标注。

解：（1）绘制图形。

先绘制如图 3-41 所示的未进行坐标标注的图形。

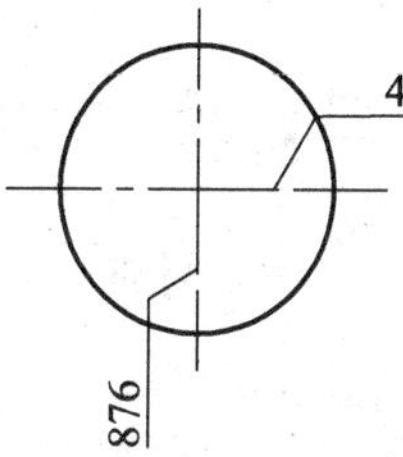

（2）坐标标注。

命令：输入"Dor"，并按<Enter>键确认，启动"坐标"命令后，命令行提示：

指定点坐标：捕捉圆心

图 3-41　坐标标注

指定引线端点或 [X 基准（X）/Y 基准（Y）/多行文字（M）/文字（T）/角度（A）]：X↙
指定引线端点或 [X 基准（X）/Y 基准（Y）/多行文字（M）/文字（T）/角度（A）]：
移动光标，在适当位置单击鼠标左键，完成 X 坐标标注
指定引线端点或 [X 基准（X）/Y 基准（Y）/多行文字（M）/文字（T）/角度（A）]：Y↙
指定引线端点或 [X 基准（X）/Y 基准（Y）/多行文字（M）/文字（T）/角度（A）]：
移动光标，在适当位置单击鼠标左键，完成 Y 坐标标注

14. 快速标注

"快速标注"可以一次完成多个标注，如同时为多个对象进行连续标注等（见图3-42），提高作图效率。

1）命令激活方法

（1）在命令行内输入"QDim"，并按<Enter>键确认。

（2）在菜单栏执行"标注"→"快速标注"命令。

（3）单击"标注"工具栏上的"快速标注"按钮。

2）操作方法

在命令行内输入"QDim"，并按<Enter>键确认，启动"快速标注"命令后，命令行提示：

选择要标注的几何图形：依次选择图3-42所示的五条直线，并按<Enter>键
指定尺寸线位置或 [连续（C）/并列（S）/基线（B）/坐标（O）/半径（R）/直径（D）/基准点（P）/编辑（E）/设置（T）]<连续>：移动光标指定尺寸线位置或按要求输入选项

最后结果如图3-42所示。

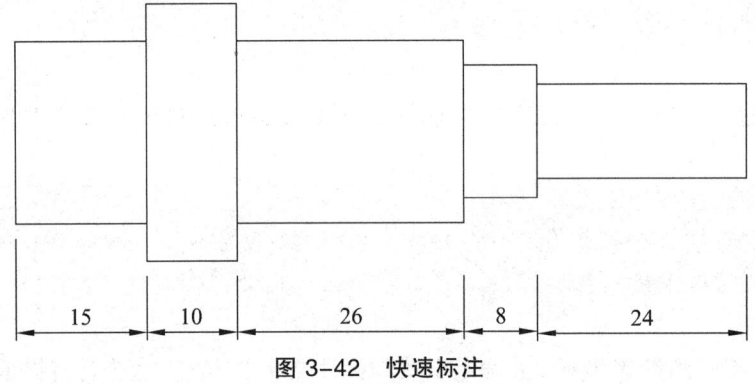

图 3-42 快速标注

二、尺寸的编辑

1. 编辑标注

在尺寸标注后，利用"编辑标注"命令可对尺寸界线的倾斜程度、尺寸文字的放置角度以及尺寸文字的内容进行编辑修改。

1）命令激活方法

● 在命令行内输入"Dimed"或"Ded"，并按<Enter>键确认

● 单击"标注"工具栏上的按钮。

2）功能

启动"Dimed"命令后，系统出现如下提示：

输入标注编辑类型 [默认（H）/新建（N）/旋转（R）/倾斜（O）]<默认>：

该命令中各选项含义如下：

（1）"默认"：当标注的尺寸文字或尺寸界限旋转或倾斜后，选择默认项可以使倾斜的尺寸文字和尺寸界限恢复到原始状态，如图3-43所示。

（a）"默认"前　　　　　　　　（b）"默认"后

图3-43　标注编辑类型为"默认"的前后状态

（2）"新建"：选择此选项会弹出"文字格式"工具栏，如图3-44所示。在输入框中输入新的尺寸文字，然后在图形中选择所需修改的尺寸标注，可以对原有的尺寸文字进行修改。

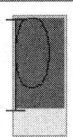

图3-44　"文字格式"工具栏

（3）"旋转"：选择此选项，系统提示"指定标注文字的角度"，当输入尺寸文字的旋转角度后，在图中选择需要修改的尺寸标注，将根据指定的角度对尺寸文字进行旋转，如图3-45所示。

（a）"旋转"前　　　　　　　　（b）"旋转"后

图3-45　标注编辑类型为"旋转"的前后状态

（4）"倾斜"：选择此选项，在"选择对象"提示下选择要倾斜的尺寸标注，随后系统将继续提示"输入倾斜角度"，在此提示下输入一个角度值，系统便按照指定的角度将尺寸界线进行倾斜，如图3-46所示。

（a）"倾斜"前　　　　　　　　（b）"倾斜"后

图3-46　标注编辑类型为"倾斜"的前后状态

2. 编辑标注文字

1）命令激活方法
- 在命令行内输入"Dimtedit",并按<Enter>键确认
- 单击"标注"工具栏上的 按钮。

2）功能

利用"编辑标注文字"命令,可以对尺寸文字和尺寸线的位置以及尺寸文字的倾斜角度进行编辑。

启动"Dimtedit"命令后,系统出现如下提示:

输入标注编辑类型 [默认(H)/新建(N)/旋转(R)/倾斜(O)]<默认>:

该命令中各选项含义如下:

（1）"指定标注文字的新位置":输入标注文字的新位置坐标或拖拽更改标注文字的位置。

（2）"左（L）":标注文字沿尺寸线左对齐。

（3）"右（R）":标注文字沿尺寸线右对齐。

（4）"中心（C）":标注文字沿尺寸线中心对齐。

（5）"角度（A）":将标注文字旋转一定角度。输入"A",系统提示:指定标注文字的角度:输入旋转角度。

任务四 表 格

表格用于展示与图形相关的标准、数据信息、材料信息等内容,常应用于图纸的技术参数、明细表等,它和文字一样同属于非图形数据,是工程图纸中不可缺少的部分。

AutoCAD 中不仅可以直接使用软件默认的格式制作表格,还可以根据用户需要自行定制表格,也可以从 Microsoft Excel 中直接复制表格,还可以输出来自 AutoCAD 的表格数据,以供在其他程序中使用。

一、创建表格样式

"表格样式"控制表格对象的外观。表格样式包括背景颜色、页边距、边界、文字和其他表格特征。绘制表格时,首先要设置表格样式,然后再创建表格。

使用"表格样式"功能的方法分别有以下三种:

（1）执行"格式"→"表格样式"命令。

（2）单击样式工具栏上的"表格样式"按钮 。

（3）在命令行输入"TableStyle"（或快捷键<T + S>）。

使用"表格样式"功能后,可打开"表格样式"对话框,如图 3-47 所示。

在此对话框中可以进行表格参数的设置,具体步骤如下:

步骤 1：打开"表格样式"对话框。

步骤 2：设置表格样式。

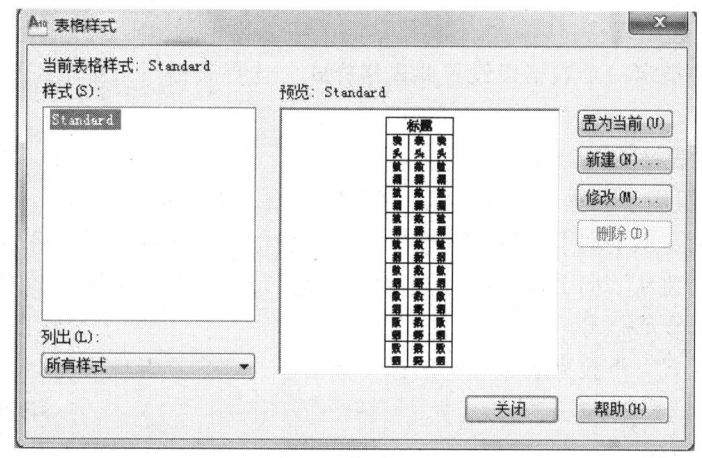

图 3-47 "表格样式"对话框

单击"新建（M）"按钮，弹出如图 3-48 所示的"创建新的表格样式"对话框。

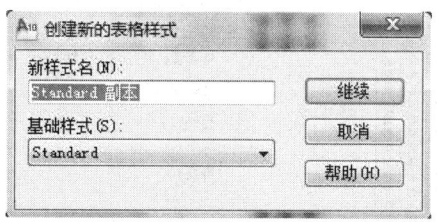

图 3-48 "创建新的表格样式"对话框

在"新样式名（N）"文本框中输入新的表格样式名称，在"基础样式（S）"下拉列表中选择新的原始样式"Standard"，该原始样式为新样式提供默认设置。单击"继续"按钮，打开"新建表格样式"对话框，如图 3-49 所示。

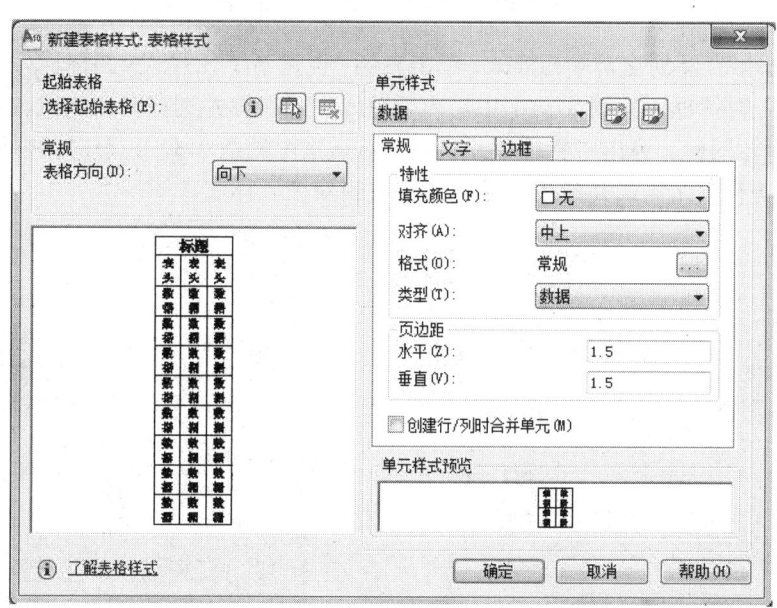

图 3-49 "新建表格样式"对话框

步骤3：设置起始表格。

用户在图形中指定一个表格以设置此表格样式，选择表格后可指定所要复制表格的结构和内容。

步骤4：设置表格方向。

"常规"选项组用于设置表格的方向，各选项的含义如下：

【向下】：可创建从上向下读取的表格对象，标题行和表头行位于表格的顶部。

【向上】：可创建从下向上读取的表格对象，标题行和表头行位于表格的底部。

步骤5：设置单元样式。

单击"单元样式"下拉列表，从中选择"数据""标题""表头"选项，如图3-50所示。

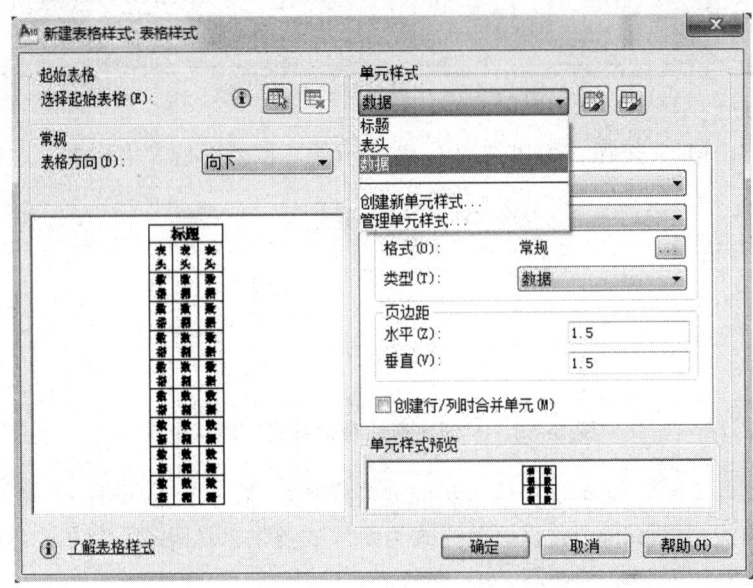

图3-50 "单元样式"下拉列表

此外，可根据需要创建新单元样式，单击右侧"创建新单元样式"图标，在弹出的"创建新单元样式"对话框（见图3-51）中输入新单元样式名称并选择基础样式。

单击右侧图标，弹出"管理单元样式"对话框（见图3-52），该对话框用于显示当前表格样式中的所有单元样式并使用户可以创建或删除单元样式。

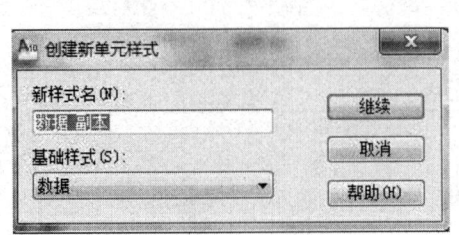

图3-51 "创建新单元样式"对话框

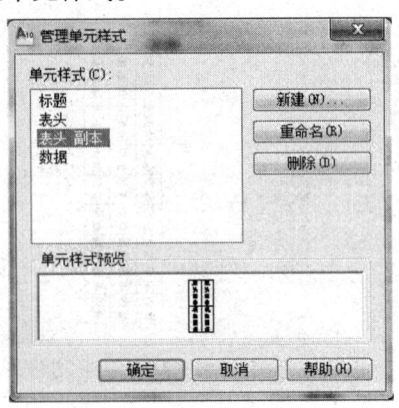

图3-52 "管理单元样式"对话框

"单元样式"选项组中各选项卡的功能如下：

【常规】选项卡：可以设置表格填充颜色、对齐方式、格式、类型以及页边距，如图 3-53（a）所示。

【文字】选项卡：可以设置表格文字样式、高度、颜色、角度，如图 3-53（b）所示。

【边框】选项卡：可以设置表格线宽、线性、颜色等特性，如图 3-53（c）所示。

（a）【常规】选项卡　　　　　　　　　（b）【文字】选项卡

（c）【边框】选项卡

图 3-53　"单元样式"选项组中的选项卡

步骤 6：单击"确定"按钮。

按上述步骤完成操作后，即可将所设置的表格样式设置为当前样式，应用于当前图形当中。

二、管理表格样式

默认情况下，表格样式为"Standard"，其外观如图 3-54 所示，第一行是标题行，第二行是表头行，其余行是数据行。

标题行				
表头行	表头行	表头行	表头行	表头行
数据行				
数据行				
数据行				
数据行				

图 3-54 "Standard" 表格样式外观

在 AutoCAD 中，可以使用"表格样式"对话框（见图 3-47）管理图形中的表格样式，该对话框中各选项功能如下：

【当前表格样式：Standard】：显示当前使用的表格样式。

【样式（S）】：显示当前图形所包含的表格样式。

【预览】：显示选中的表格样式。

【列出（L）】：选择"样式"列表是显示图形中的所有样式还是正在使用的样式。

此外，在"表格样式"对话框中，还可以单击"置为当前"按钮，将选中的表格样式设置为当前；单击"修改"按钮，在弹出的"修改表格样式"对话框（见图 3-55）中修改已有的表格参数。

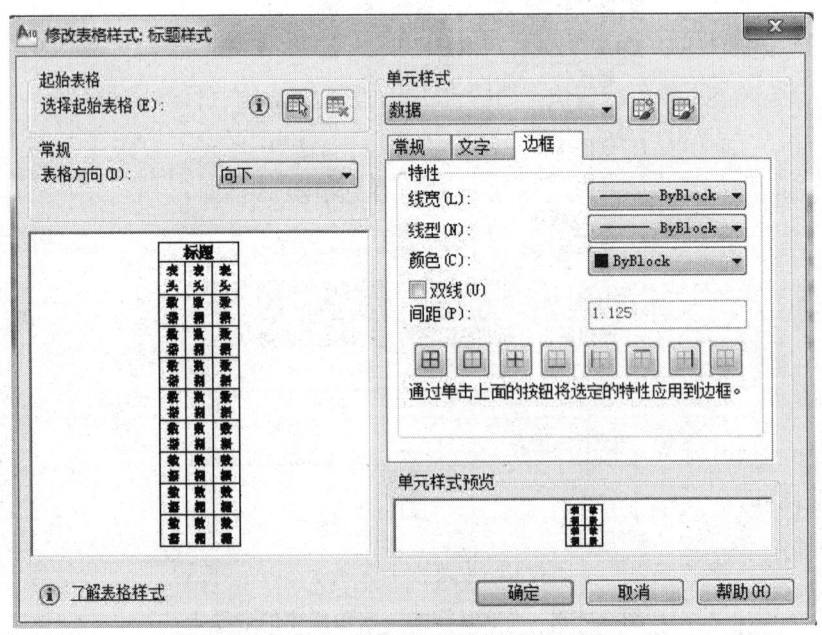

图 3-55 "修改表格样式"对话框

三、创建表格

"表格"命令用于为当前图形插入表格对象,插入后可在表格内填充文字。执行"表格"命令的方法有以下三种:

(1)菜单栏:执行"绘图"→"表格"命令。
(2)工具栏:单击"绘图"工具栏上的 按钮。
(3)命令行:在命令行输入"Table"(或快捷键<TB>)命令。

执行"表格"命令后,在弹出的"插入表格"对话框(见图3-56)中设置表格,其具体步骤如下:

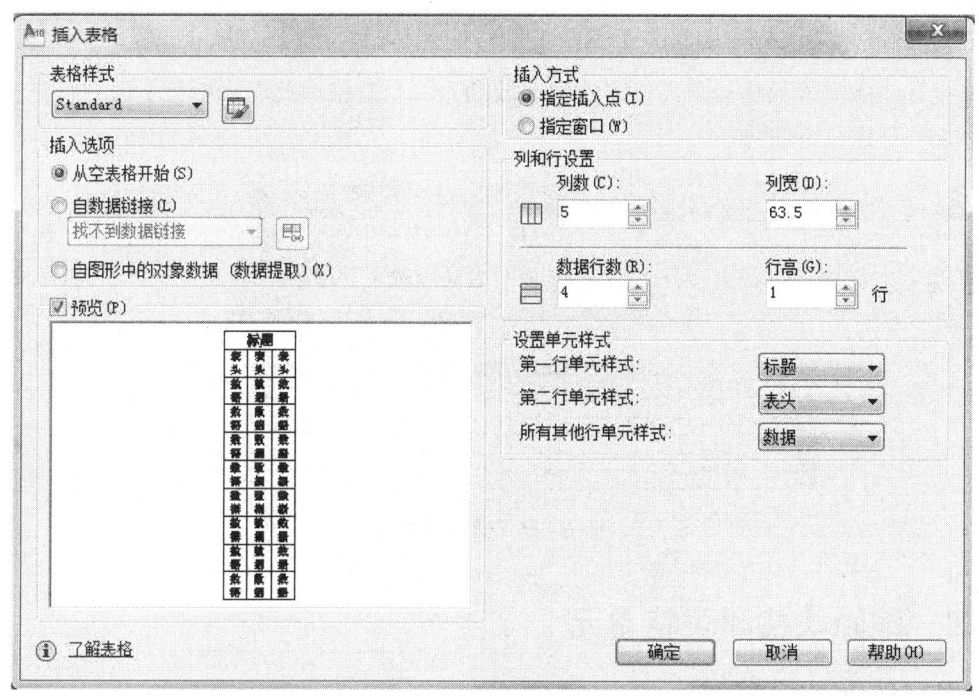

图 3-56 "插入表格"对话框

步骤1:打开"插入表格"对话框。
步骤2:设置表格样式。

在"表格样式"下拉列表中选择表格样式,也可通过"表格样式"下拉列表右侧的 按钮修改所选择的表格样式。

步骤3:设置插入选项。

"插入选项"选项组用于确定表格插入方式,各选项含义如下:
【从空表格开始(S)】:创建可以手动填充数据的空表格。
【自数据连接(L)】:以外部电子表格中的数据创建表格。
【自图形中的对象数据(数据提取)(X)】:启动"数据提取"向导。

步骤4:设置插入方式。

"插入方式"选项组用于指定表格的位置,各选项含义如下:

【指定插入点（I）】单选按钮：在绘图区域中的某点插入固定大小的表格，当拖动表格到合适的位置后，单击即可完成表格的创建。

【指定窗口（W）】单选按钮：在绘图区域中通过拖动表格边框创建任意大小的表格。

步骤 5：设置列和行。

"列和行"设置选项组用于设置表格的"列数""列宽""数据行数"和"行高"四个参数，设置完成后可通过"预览"窗口查看设置效果。

步骤 6：设置单元样式。

"设置单元样式"选项组用于设置每一行的样式。一般情况下，将"第一行单元样式"设置为"标题"，"第二行单元样式"设置为"表头"，"所有其他行单元样式"设置为"数据"。

步骤 7：单击"确定"按钮。

按上述步骤完成操作后，即可在绘图区域插入一个表格，此时表格最上面一行处于文字编辑状态，如图 3-57 所示。

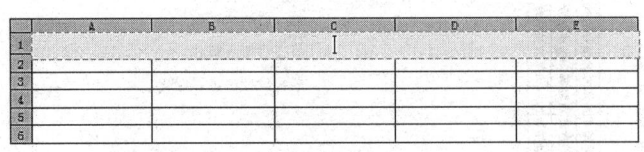

图 3-57　插入的表格

四、编辑表格和表格单元

1. 编辑表格

选中并右击表格后，将弹出如图 3-58 所示的快捷菜单，通过该快捷菜单可对整个表格进行剪切、复制、移动、缩放和旋转等简单操作，还可均匀调整表格的行列大小。当选择"输出"选项时，还可以".scv"格式输出表格中的数据。

此外，选中表格后，表格的四周和标题行上会出现许多夹点，也可通过拖动这些夹点编辑表格。

2. 编辑表格单元

选中并右击表格单元后，将弹出如图 3-59 所示的快捷菜单，该快捷菜单主要包含以下功能：

1）"单元样式"选项

选择"单元样式"选项后，将弹出下一级菜单，可以从下一级菜单中选择表格单元的样式。

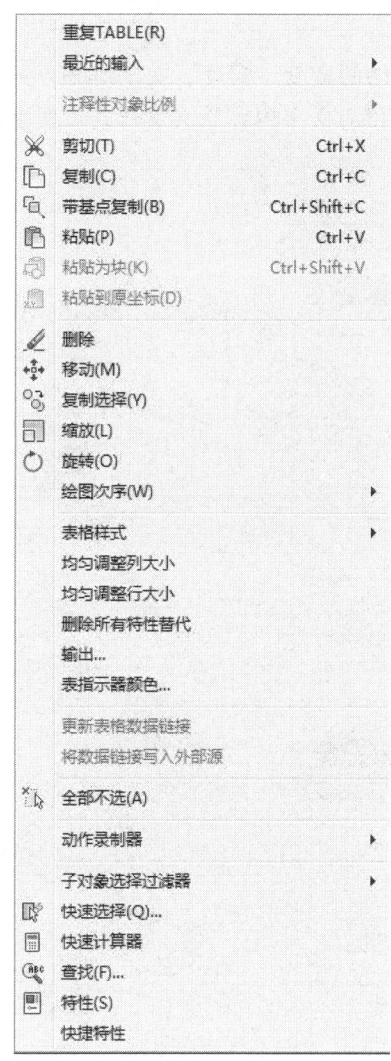 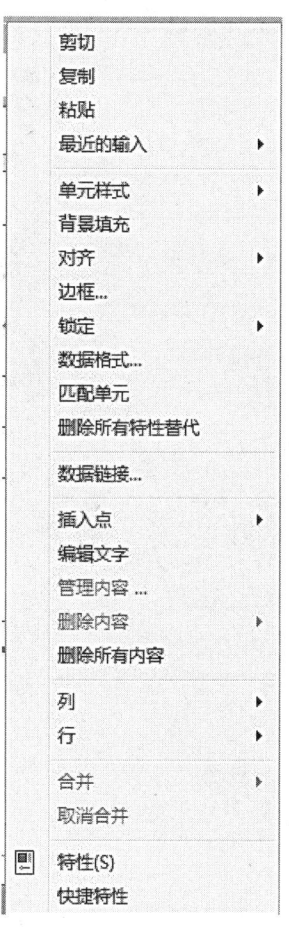

图 3-58　选中整个表格的快捷菜单　　　　图 3-59　选中表格单元的快捷菜单

2)"对齐"选项

选择"对齐"选项后，将弹出下一级菜单，可以在下一级菜单中设置表格单元的对齐方式。

3)"匹配单元"命令

用当前选中的表格单元格式（源对象）匹配其他表格单元（目标对象），此时鼠标指针变为刷子形状，单击目标对象即可进行匹配。

4)"插入点"选项

选择"插入点"选项后，可以选择插入块、字段和公式。

5)"合并单元"选项

选中多个连续的表格单元格后，执行"合并单元"命令，将弹出下一级菜单，可以在下一级菜单中选择以"全部""按列"或"按行"合并表格单元。

3. 编辑表格和文字

使用表格特性修改窗口（见图 3-60），可对单元格的宽度、鬻度、文字对齐方式、背景填充颜色、边界线宽和边界颜色等格式进行修改，也可对文字内容、文字样式、文字高度、文字旋转及文字颜色等内容进行修改。

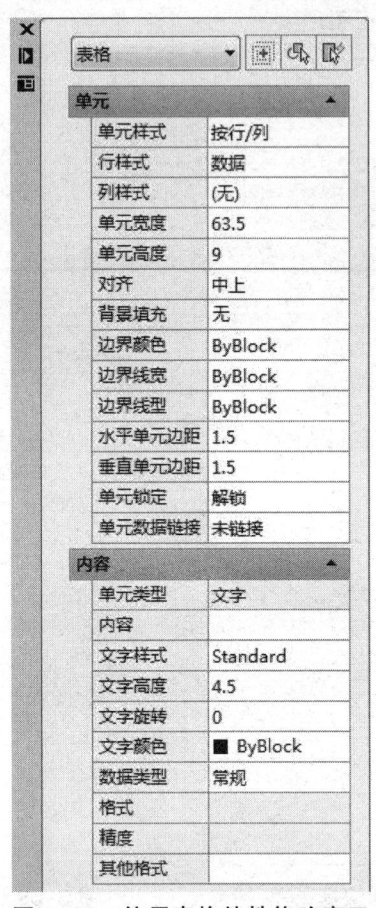

图 3-60 使用表格特性修改窗口

对表格中文字样式的某些修改操作不能直接应用在表格中，这时可以单独对表格中的文字进行编辑。表格中文字的大小会决定表格单元格的大小，如果表格中某一行中的一个单元格发生变化，它所在的行也会发生相同的变化。

双击要修改单元格的文字，弹出"文字格式"工具栏，此时可对单元格的文字进行编辑。

思考与练习

1. 如何创建和编辑单行文字？
2. 单行文字和多行文字有什么区别？

3. 尺寸标注类型有哪些？
4. 如何创建引线标注？
5. 如何对尺寸进行修改？
6. 在"新建标注样式"对话框中，"直线与箭头"选项卡中"基线间距""起点偏移量""超出尺寸线"，这三个参数各代表什么含义？
7. 在"新建标注样式"对话框中，"换算单位"选项卡有何作用？
8. 如何在尺寸标注中添加前缀和后缀？
9. 如何创建表格样式？
10. 如何编辑表格和表格单元？
11. 如何更改表格的单元格高度和宽度？
12. 创建如图 3-61 所示的表格，设置表中文字高度为 3.5，字体为"仿宋.shx"。

					（材料标记）			（单位名称）
标记	处数	分区	签名	年月日				
设计					阶段标记	重量	比例	（图样名称）
审核					第 张 共 张			（图样代号）
工艺			批准					

图 3-61 题 12 图

13. 绘制如图 3-62 所示的图形，并完成尺寸标注。

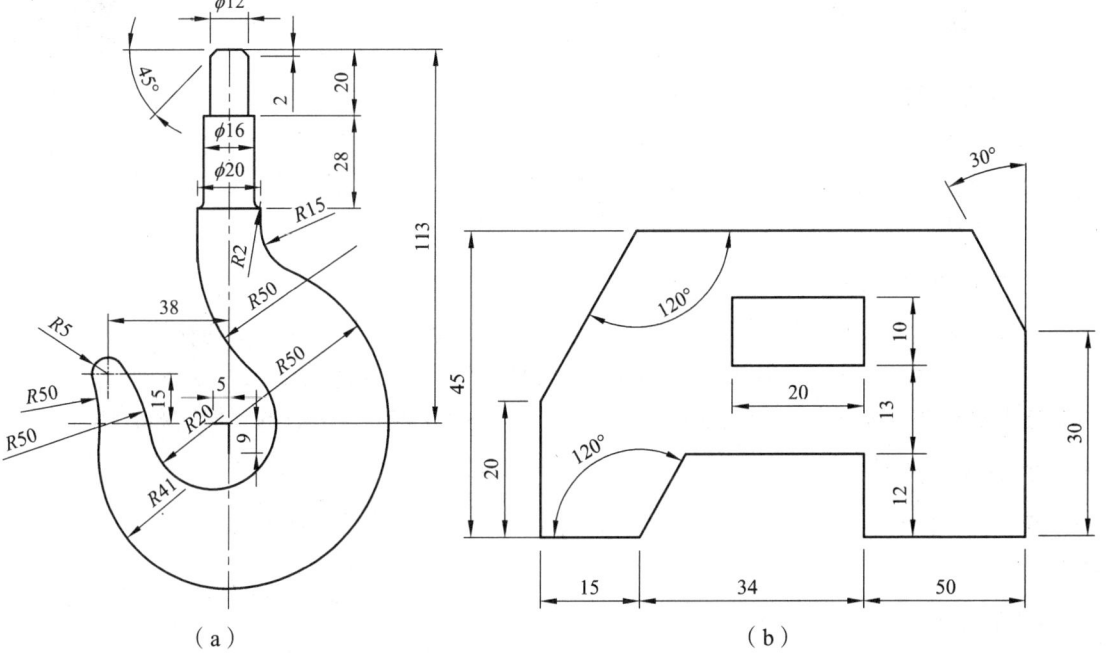

（a） （b）

图 3-62 题 13 图

项目四　块与外部参照

任务一　块的创建与编辑

图块是一个或多个图形对象的集合，常常用于表达一些使用频率高、线条简单、形状固定的图形，如标高符号、水准点符号、钢筋符号、地形图中的地物符号、工程图纸的标题栏等。若每次都重复绘制这些图符，既显得枯燥乏味，又缺乏效率。AutoCAD 的图块功能可以将常用的图形符号制作成图块，在应用时将其插入图形的指定位置，并根据需要对整个图块进行复制、移动、旋转、比例缩放、镜像、删除等操作。这种操作既提高了作图效率，又节省了磁盘空间。

项目简介

一、块的概念

"块"是由图形中若干或全部实体定义而成的新实体，可将图块看作对象的集合，类似于群组。组成图块的对象可位于不同的图层上，且可具有不同的特性，如线型、线宽及颜色等。

二、块的作用

项目微课

1. 简化绘图

在各专业设计图中，经常会遇到一些重复出现的图形（如机械图中的螺栓、建筑图中的门窗等），把这些常出现的图形实体定义成块，在绘图时可随时引用块，从而提高绘图效率，简化绘图步骤。

2. 节省存储空间

在 AutoCAD 绘图环境中，每绘制一个实体都会增加图形文件所占用的存储空间，其中记录了各个实体的大小、位置等数据，而块插入时，仅需记录块的插入点信息（即坐标），故可节省存储空间。显然，一个块的定义越复杂，插入次数越多，节省的存储空间就越大。

3. 便于编辑

块可以被分解、修改和清除，也可以重新定义。绘制由块组合而成的图形时，只需要编辑块即可。

4. 加入属性

属性是块中的一种文本信息，引用块时用户可根据需要改变属性的内容、可见性等，亦可从图形中提取这些文本信息并将其写成数据文件。

三、块的定义

从当前图形中选取一部分图形或全部图形定义成块。方法有以下三种：
（1）执行"绘图"→"块"→"创建"命令。
（2）在命令行内输入"block"。
（3）单击工具栏中的 按钮。

【例 4-1】将如图 4-1 所示标题栏定义为块。

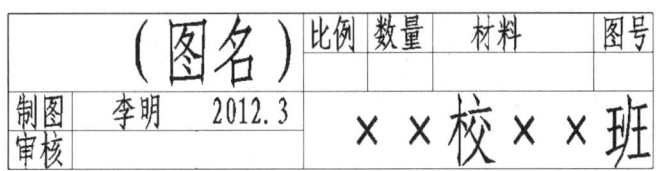

图 4-1　标题栏

执行"绘图"→"块"→"创建"命令（或采用其他两种方法），将弹出如图 4-2 所示的"块定义"对话框，按图示步骤操作即可，具体如下：

第一步：输入块的名称；
第二步：单击"拾取点"按钮，确定块的基点；
第三步：在绘图区捕捉标题栏右下角点，指定其为基点；
第四步：单击"选择对象"按钮，在绘图区选择整个标题栏，并按<Enter>键确认；
第五步：单击"确定"按钮。

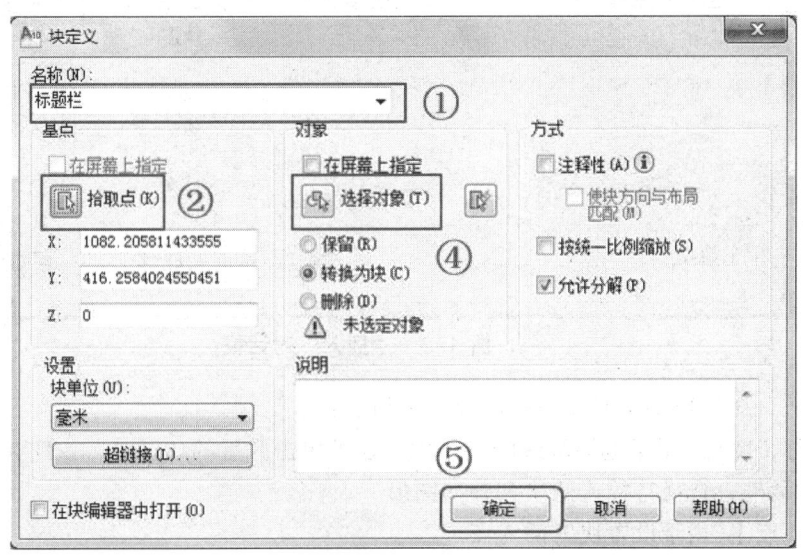

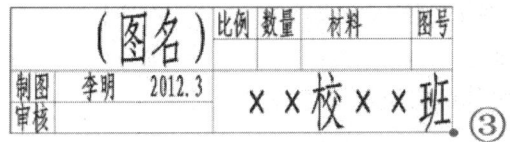

图 4-2　"块定义"对话框

"块定义"对话框中主要选项的功能分别如下:

【名称(N)】:输入待定义的块名。

【基点】:确定引用块时的插入基点。可在对话框中的 X、Y、Z 处的文本框输入基点的坐标值,也可单击对话框中的"拾取点"按钮,从屏幕绘图区拾取点。

【选择对象(T)】:单击该按钮可返回图形界面,用鼠标选择组成块的实体。

四、块的插入

此命令可在图形中插入块。在插入的同时,可指定块的位置、比例因子和旋转角度等,使用不同的 X、Y 和 Z 值可指定块参照的比例。图块的插入方法有以下三种:

(1)执行"插入"→"块"命令。

(2)在命令行内输入"insert"。

(3)单击工具栏中的 按钮。

执行上述命令后,将弹出如图 4-3 所示的"插入"对话框,单击"确定"按钮即可。

图 4-3 "插入"对话框

"插入"对话框中主要选项的功能分别如下:

【名称(N)】:用于选择块或图形,用户也可单击其后的"浏览"按钮,打开"选择图形文件"对话框,选择待插入的块和外部图形。

【插入点】:用于设置块的插入点。

【比例】:用于设置块的插入比例。可不等比例缩放图形,在 X、Y、Z 三个方向进行缩放。

【旋转】:用于设置块插入时的旋转角度。

【分解】:选中该复选框,可将插入的块分解成组成块的各基本对象。

任务二　块属性的编辑与管理

一、属性概念

属性从属于"块"的非图形信息，用于描述块的某些特征，即：块=图形实体+属性。例如标高，不仅要画出标高符号，而且应标出标高值，标高值即为块的属性。

二、属性定义

1. 功　能

创建属性定义，定义属性模式、属性标记、属性提示、属性值、插入点以及属性的文字选项。

2. 调用方法

（1）执行"绘图"→"块"→"定义属性"命令。
（2）在命令行输入"ATTDEF"，并按<Enter>键。
执行"定义属性"命令后，将显示"属性定义"对话框，如图4-4所示。

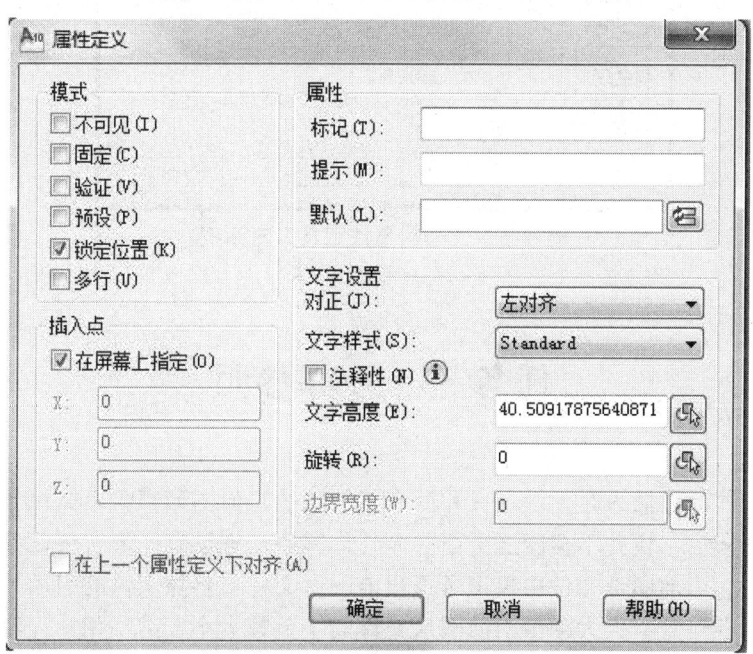

图4-4　"属性定义"对话框

"属性定义"对话框主要选项说明如下：
1）"模式"区域
【不可见（I）】：指定插入块时不显示属性。
【固定（C）】：在插入块时赋予固定属性值。

【验证（V）】：插入块时提示验证属性值是否正确。

【预设（P）】：插入预置属性值的块时，将属性设置为默认值。

【锁定位置（K）】：锁定块参照中属性的位置。解锁后，属性可以相对于使用夹点编辑块的其他部分移动，并且可调整多行属性的大小。

【多行（U）】：选中该复选框时，属性值可以包含多行文字。

注意：在动态块中，由于属性的位置包括在动作的选择集内，因此必须将其锁定。

2)"属性"区域

【标记（T）】：标识图形中每次出现的属性，可使用任何字符（空格除外）输入属性标记。

【提示（M）】：指定插入包含该属性定义的块时显示的提示，如果不输入提示，属性标记将用作提示。

【默认（L）】：指定默认属性值。若不输入内容，表示该属性无默认值。

3. 编辑属性定义

当创建属性完成后，在已创建完成的属性尚未进行块定义时，双击所定义的属性，打开"编辑属性定义"对话框，如图4-5所示。在该对话框中可以对属性的标记、提示以及值这三个基本要素进行编辑，但是不能对其模式、文字特性等进行编辑。

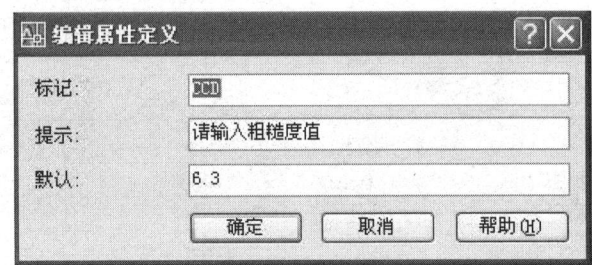

图4-5 "编辑属性定义"对话框

任务三 外部参照

如果把图形作为块插入时，块定义和所有相关联的几何图形都将存储在当前图形数据库中，且修改原图形后，块并不会随之更新。而外部参照是把已有图形文件以参照的形式插入当前图形文件中，当前图形文件中仅记录了当前图形文件与参照文件的引用关系，而不记录参照文件具体对象信息，大大减少当前图形文件的字节数大小。与块相比，使用外部参照可将多个图形链接到当前图形中，且参照图形会随着原图形的修改而更新。

一、附着外部参照

附着外部参照，又称为插入外部参照，是将外部参照图形插入当前图形文件中。在AutoCAD中，可通过以下常用的几种方式插入外部参照。

(1)执行"插入"→"外部参照"命令。
(2)执行"工具"→"选项板"→"外部参照"命令。

执行上述命令后,将弹出"外部参照"选项板,如图 4-6 所示。单击选项板左上角的"附着"按钮 的三角符号,可附着 DWG、图像、DWF、DGN、PDF 5 种格式的外部参照,如图 4-7 所示。

图 4-6　"外部参照"选项板

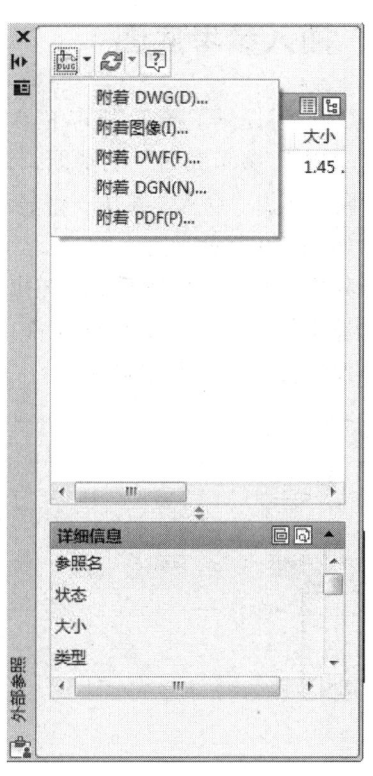

图 4-7　可附着的外部参照文件格式

选择其中一种格式后,将弹出"选择参照文件"对话框,选择文件完毕后将弹出"附着图像"对话框,如图 4-8 所示。

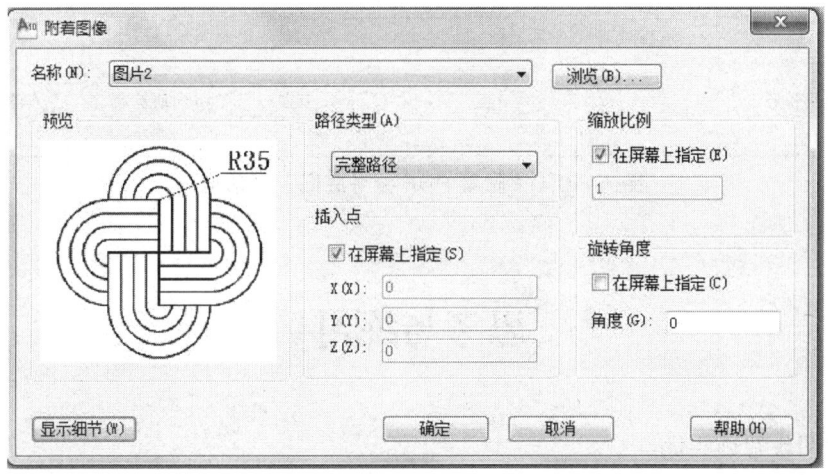

图 4-8　"附着图像"对话框

"附着图像"对话框与插入块时的"插入"对话框相似,设置方法也相似。"比例""插入点"和"旋转"选项组分别用于设置插入外部参照的比例值、插入位置和旋转角度等。设置完毕后,单击"确定"按钮,在绘图窗口中指定外部参照的插入点后,即可将参照文件附着到当前图形文件中。

二、插入参考底图

AutoCAD 还提供了插入"DWF 参考底图""DGN 参考底图"及"PDF 参考底图"的功能,该功能与"附着外部参照"相同。单击"插入"菜单,将显示出插入参考底图的子菜单,如图 4-9 所示。

图 4-9 "插入参考底图"子菜单

选择其中一种参考底图后,将弹出"选择参照文件"对话框,选择文件完毕后,如 PDF 文件,将弹出"附着 PDF 参考底图"对话框,如图 4-10 所示。具体设置方法与上节相同。

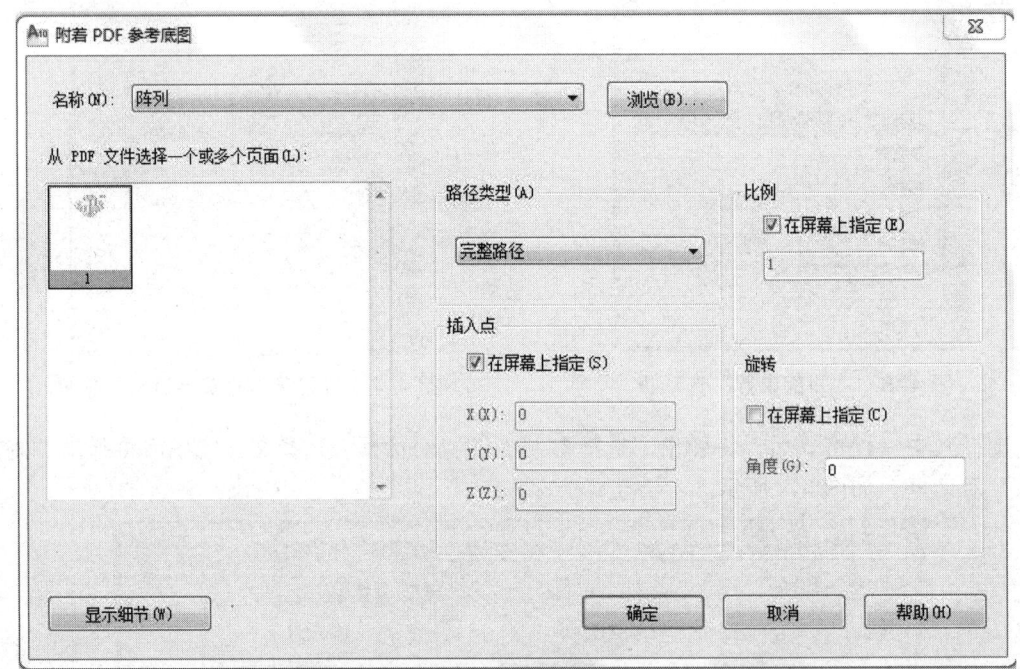

图 4-10 "附着 PDF 参考底图"对话框

思考与练习

1. 使用图块有哪些优点?
2. 试分析内部块与外部块的区别。

3. 试分析块与块属性的区别和联系。
4. 试分析外部参照与块的区别和联系。
5. 分解图块的命令是什么?
6. 定义一个带"高程"属性的标高图块。
7. 创建一个带属性的粗糙度符号块。
8. 制作 A3 图幅图框,并以块的形式插入标题栏。标题栏如图 4-11 所示。

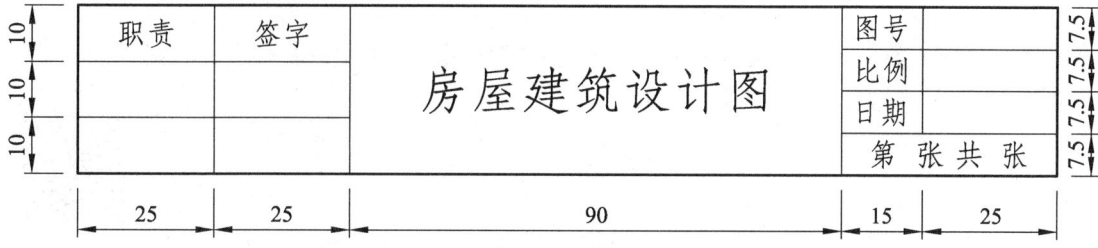

图 4-11　标题栏

项目五　图案填充

图案填充是指某种图案充满图形中的指定封闭区域。在大量的机械图样、建筑图样上，需要在剖视图、断面图上绘制填充图案。

任务一　图案填充的使用

在绘图过程中，经常需要对图形中的某些区域或剖面图填充阴影图案，这种做法称为图案填充。图案填充是在一个封闭区域内进行，围成填充区域的边界称为填充边界。

一、创建图案填充

调用"图案填充"命令有以下三种方法：
（1）执行"绘图"→"图案填充"命令。
（2）单击绘图工具栏上的  按钮。
（3）在命令行输入"BH（BHATCH）"，并按<Enter>键。

二、图案填充的设置

启用"图案填充"命令后，系统将弹出如图 5-1 所示的"图案填充和渐变色"对话框。在"图案填充和渐变色"对话框中，各选项组的意义如下：

1. "类型和图案"选项组

"类型和图案"选项组可以选择图案填充的样式。

【类型（Y）】：提供预定义、用户定义和自定义三种图案类型。预定义是用 Auto CAD 标准图案文件（ACAD.pat 和 ACADISO.pat 文件）中的图案填充；用户定义是用户临时定义简单的填充图案；自定义是表示使用用户定制的图案文件中的图案。

【图案（P）】：用于选择图案的样式，如图 5-2 所示，所选择的样式将在其下的"样例"显示框中显示出来，用户需要时可通过滚动条来选取自己所需要的样式。

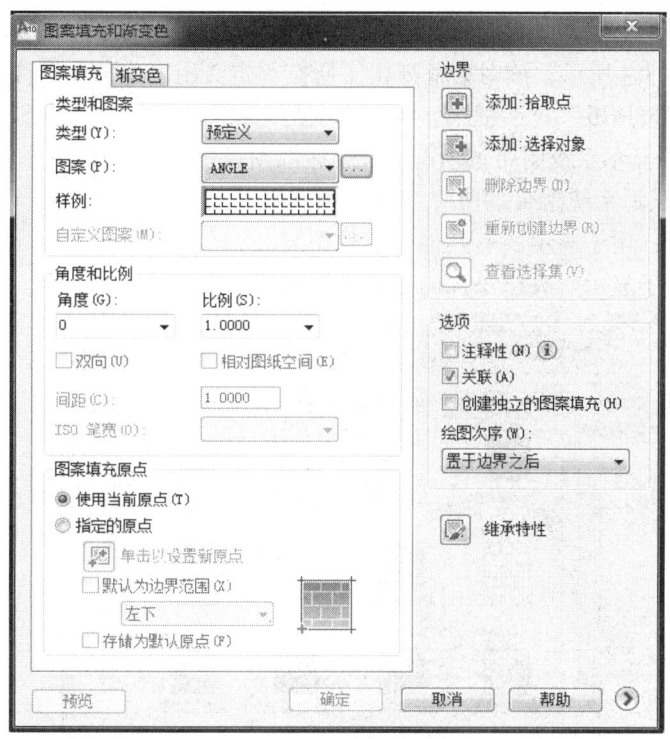

图 5-1 "图案填充和渐变色"对话框

图 5-2 选择图案样式

单击"图案"下拉列表框右侧的 ▬ 按钮或单击"样例"显示框，将弹出"填充图案选项板"对话框，如图 5-3 所示，该对话框列出了所有预定义图案的预览图像。

在"填充图案选项板"对话框中，各个选项的意义如下：

【ANSI】：用于显示系统附带的所有 ANSI 标准图案。

【ISO】：用于显示系统附带的所有 ISO 标准图案。

【其他预定义】：用于显示所有其他样式的图案。

【自定义】：用于显示所有已添加的自定义图案。

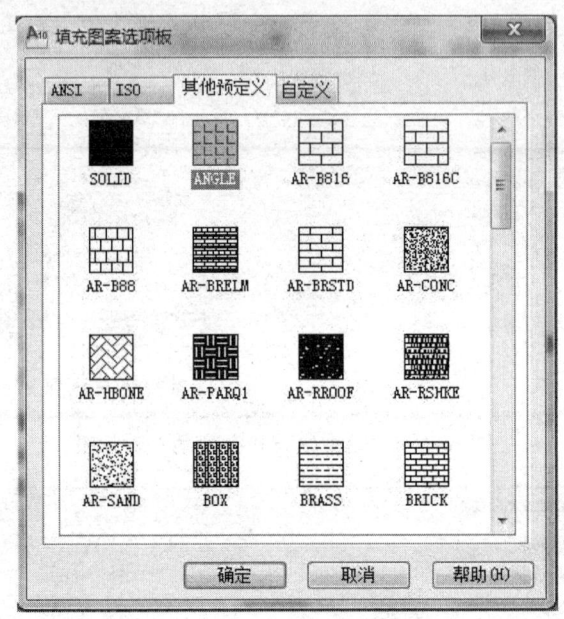

图 5-3 "填充图案选项板"对话框

2. "角度和比例"选项组

在"图案填充和渐变色"对话框的"图案填充"选项卡中，"角度和比例"可定义图案填充角度和比例。

【角度（G）】：用于选择预定义填充图案的角度，该角度值是填充图案相对于当前坐标系 x 轴的转角。用户也可在该列表框中输入其他角度值，如图 5-4 ~ 图 5-6 所示。

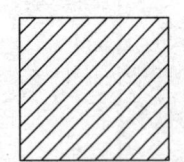 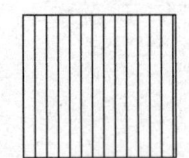 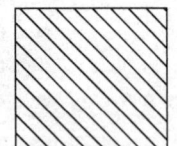

图 5-4　角度为 0°　　　　图 5-5　角度为 45°　　　　图 5-6　角度为 90°

【比例（S）】：用于设置图案填充的比例值，该比例值表示填充图案线形之间的疏密程度。比例值越小，填充图案越密，反之则反。用户也可在该列表框中输入其他缩放比例值，如图 5-7 所示。

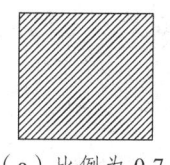 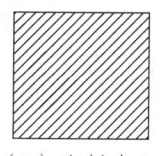 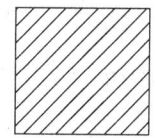

（a）比例为 0.7　　　　　　（b）比例为 1　　　　　　（c）比例为 2

图 5-7　填充比例

【双向】：使用用户定义图案时，选择该选项将绘制第二组直线，这些直线相对于初始直线呈 90°角，从而构成交叉填充。Auto CAD 将该信息储存在 HPDOUBLE 系统变量中，只在"类型"选项中选择了"用户定义"时，该选项才可用。

【相对图纸空间（E）】：相对于图纸空间单位缩放填充图案，该选项仅适用于布局。

【ISO 笔宽（O）】：适用于 ISO 相关的笔宽绘制填充图案，该选项仅在预定义 ISO 模式中被选用。

三、添加边界

在如图 5-1 所示的"图案填充和渐变色"对话框中，可以通过"拾取点"和"选择对象"两种方式添加边界。

1. 通过"拾取点"添加边界

单击"边界"选项区中的"添加：拾取点"按钮 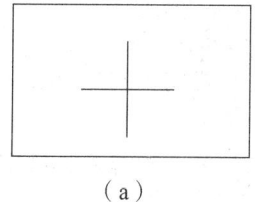，返回绘图区域，单击填充区域内任意一点，如图 5-8（a）所示，按<Enter>键返回"图案填充和渐变色"对话框，单击"确定"按钮，完成填充。最终填充效果如图 5-8（b）所示。

注意：通过"拾取点"方式填充图案时，一般要求边界是封闭的。

（a）　　　　　　　　　　　　　　（b）

图 5-8　以"拾取点"方式填充图案

2. 通过"选择对象"添加边界

单击"边界"选项区中的"添加：选择对象"按钮 ，返回绘图区域，选择边界，如图 5-9（a）所示，按<Enter>键返回"图案填充和渐变色"对话框，单击"确定"按钮，完成填充。最终填充效果如图 5-9（b）所示。

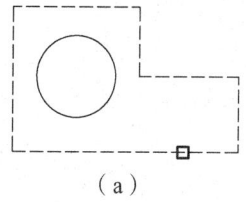 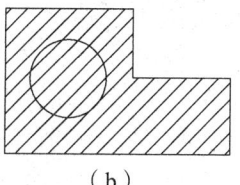

（a）　　　　　　　　　　　　　　（b）

图 5-9　以"选择对象"方式填充图案

注意：通过"选择对象"方式填充图案时，要填充的对象不必构成闭合边界。

3."边界"选项组

"边界"选项组各个选项的意义如下：

【添加：拾取点】按钮：用于根据图中现有的对象自动确定填充区域的边界，该方式要求这些对象必须构成一个闭合区域。

【添加：选择对象】按钮：用于选择图案填充的边界对象，该方式需要用户逐一选择图案填充的边界对象，系统不会自动检测内部对象。

【删除边界（D）】按钮：用于从边界定义中删除以前添加的任何对象，若直接通过"拾取点"方式选定内部点时，填充效果如图 5-10 所示。而先通过"拾取点"方式选定内部点后，再单击"删除边界"按钮，删除两个小圆，填充效果如图 5-11 所示。

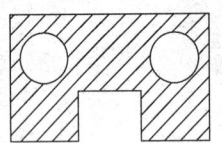
图 5-10　删除边界前

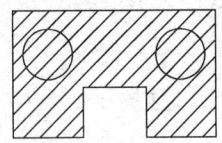
图 5-11　删除边界后

【重新创建边界（R）】按钮：围绕选定的图形边界或填充对象创建多段线或面域，并使其与图案填充对象相关联（可选）。如果未定义图案填充，则此选项不可选用。

【查看选择集（V）】按钮：单击该按钮，系统将显示当前选择的填充边界。如果未定义边界，则此选项不可选用。

4."选项"选项组

在"选项"选项组中，包括几个常用的图案填充选项。

【注释性（N）】选项：图案填充比例是按照图纸尺寸进行定义的。

【关联（A）】选项：用于创建关联图案填充。关联图案是指图案与边界相链接，当用户修改边界时，填充图案将自动更新。

【创建独立的图案填充（H）】选项：在指定了几个独立的闭合边界后，决定是创建单个图案填充对象，还是创建多个图案填充对象。

【绘图次序（Y）】选项：用于指定图案填充的次序，图案填充可以放在所有其他对象之后、所有其他对象之前、图案填充边界之后或图案填充边界之前。

【继承特性】按钮：用指定图案的填充特性填充到指定的边界。单击"继承特性"按钮，并选择某个已绘制的图案，系统即可将该图案的特性填充到当前填充区域中。

四、孤岛的控制

在"图案填充和渐变色"对话框中，单击"更多选项"按钮 ，展开其他选项，可以控制"孤岛"的样式，此时对话框如图 5-12 所示。

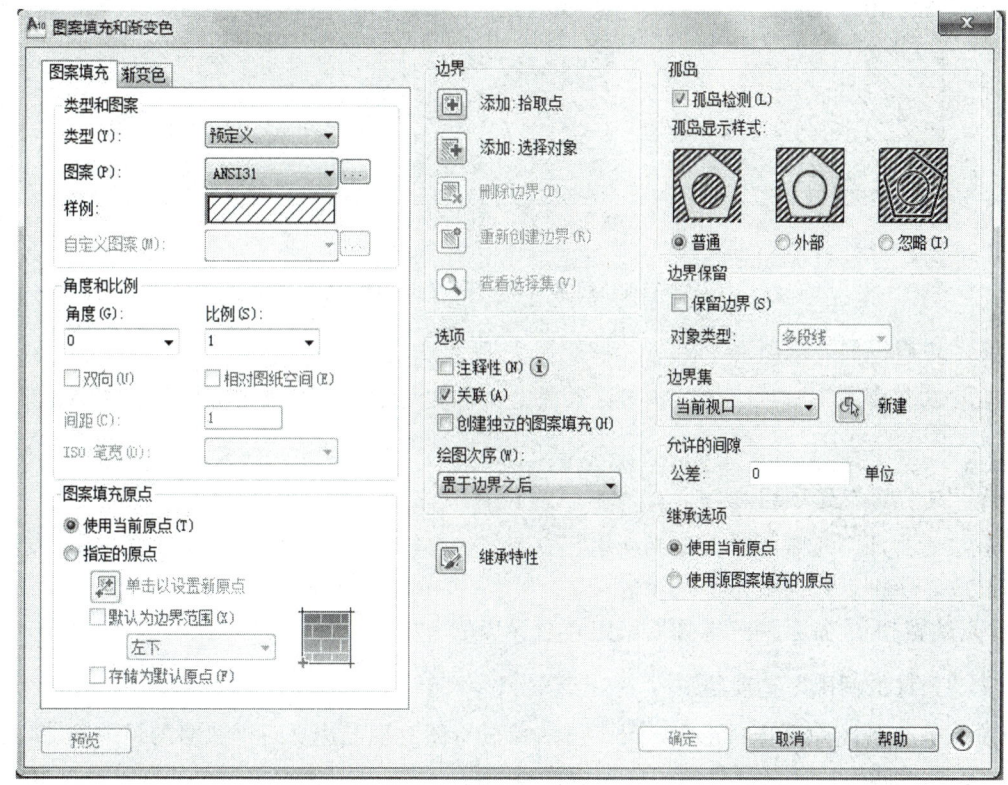

图 5-12 "孤岛样式"对话框

在进行图案填充时,通常将位于已定义好的填充区域内的封闭区域,称为孤岛。

1. "孤岛"选项组

在"孤岛"选项组中,各选项的意义如下:

【普通】选项:从外部边界向内填充。如果遇到一个内部孤岛,它将停止进行图案填充,直到遇到该孤岛中的另一个孤岛,其填充效果如图 5-13 所示。

【外部】选项:从外部边界向内填充。如果遇到内部孤岛,它将停止进行图案填充。此选项只对结构的最外层进行图案填充,而图案内部保留空白,其填充效果如图 5-14 所示。

【忽略】选项:忽略所有内部对象,填充图案时包括内部所有孤岛,其填充效果如图 5-15 所示。

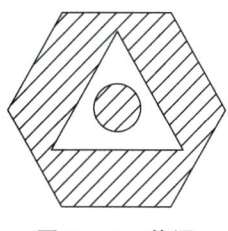 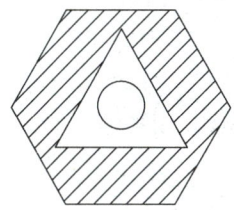 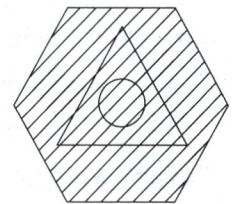

图 5-13 普通　　　　　图 5-14 外部　　　　　图 5-15 忽略

注意:以"普通"和"外部"方式填充时,如果填充边界内有文本、属性等对象,填充图案在这些对象处会自动断开,使图像更加清晰,如图 5-16(a)、(b)所示。而如果选择"忽略"方式填充图案,图案将不会被中断,如图 5-16(c)所示。

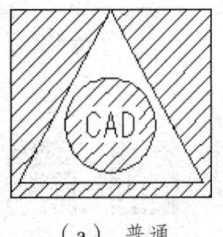 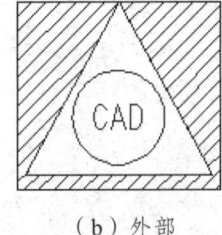 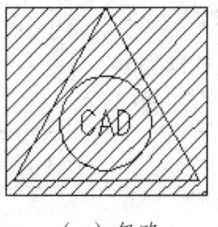

(a)普通　　　　　　　　(b)外部　　　　　　　　(c)忽略

图 5-16　包含文本对象时的图案填充

2."边界保留"选项组

在"边界保留"选项组中，指定是否将边界保留为对象，并确定应用于这些对象的对象类型。

3."边界集"选项组

在"边界集"选项组中，定义从指定点定义边界时所要分析的对象集。当使用"选择对象"定义边界时，选定的边界集无效。

【新建按钮】：提示用户选择用来定义边界集的对象。

4."允许的间隙"选项组

在"允许的间隙"选项组中，设置将对象进行图案填充边界时可忽略的最大间隙。默认值为 0，此值指定对象必须是封闭区域而没有间隙。

【公差】文本框：按图形单位输入一个值（0～700），以设置将对象进行图案填充边界时可忽略的最大间隙。任何小于或等于指定值的间隙都将被忽略，并将边界视为封闭。

5."继承选项"选项组

使用"继承选项"选项组创建图案填充时，这些设置将控制图案填充原点的位置。

【使用当前原点】：使用当前的图案填充原点。

【使用源图案填充的原点】：使用源图案填充的图案填充原点。

五、渐变色填充

选择"图案填充和渐变色"对话框中的"渐变色"填充选项卡，可以将填充图案设为渐变色。也可直接单击标准工具栏上的"渐变色填充"按钮 ，执行"渐变色填充"命令后，系统弹出如图 5-17 所示的"渐变色填充"对话框。

在"渐变色填充"选项卡中，各选项组的意义如下：

1."颜色"选项组

在"颜色"选项组中，主要用于设置渐变色的颜色。

【单色（O）】选项：从较深着色到较浅着色平滑过渡的单色填充。单击选择"颜色"按钮 ，系统弹出如图 5-18 所示的"选择颜色"对话框，从中可以选择系统所提供的索引颜色、真彩色或配色系统颜色。

【双色（T）】选项：在两种颜色之间平滑过渡的双色渐变填充。

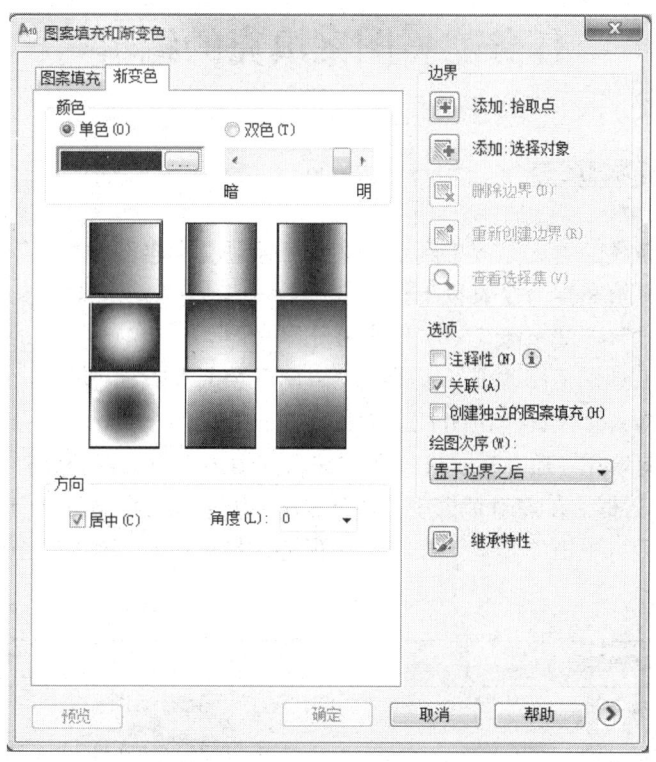

图 5-17 "渐变色填充"选项

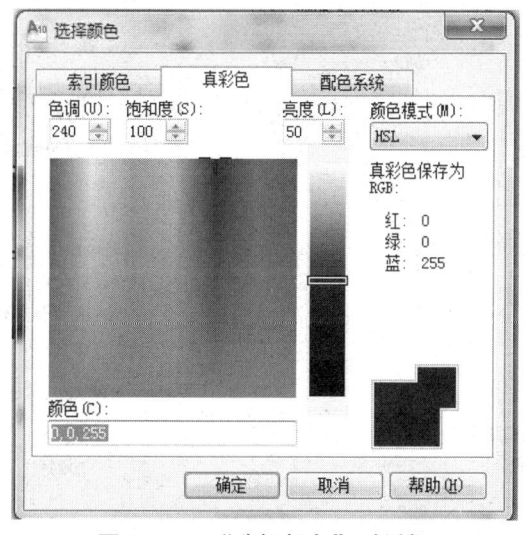

图 5-18 "选择颜色"对话框

2."方向"选项组

在"方向"选项组中,主要用于指定渐变色的角度以及是否对称。

【居中(C)】:用于指定对称的渐变配置。如果选定该选项,渐变填充将朝左上方变化,创建光源在对象左边的图案。

【角度(L)】:用于指定渐变色的角度。此选项与指定的图案填充角度互不影响。

任务二 图案填充的编辑

一、编辑图案填充

如果对已绘制完成的填充图案感到不满意，可通过"编辑图案填充"随时进行修改。
启用"编辑图案填充"命令有以下三种方法：
（1）执行"修改"→"对象"→"图案填充"命令。
（2）单击标准工具栏"修改Ⅱ"上的"编辑图案填充"按钮 。
（3）在命令行输入"HATCHEDIT"，并按<Enter>键。

执行"编辑图案填充"命令后，选择所需编辑的填充图案，系统将弹出如图 5-19 所示的"图案填充编辑"对话框。在该对话框中，部分选项以灰色显示，表示处于不可选择或不可编辑状态。修改完成后，单击"预览"按钮进行预览，最后单击"确定"按钮，确定完成图案填充的编辑。

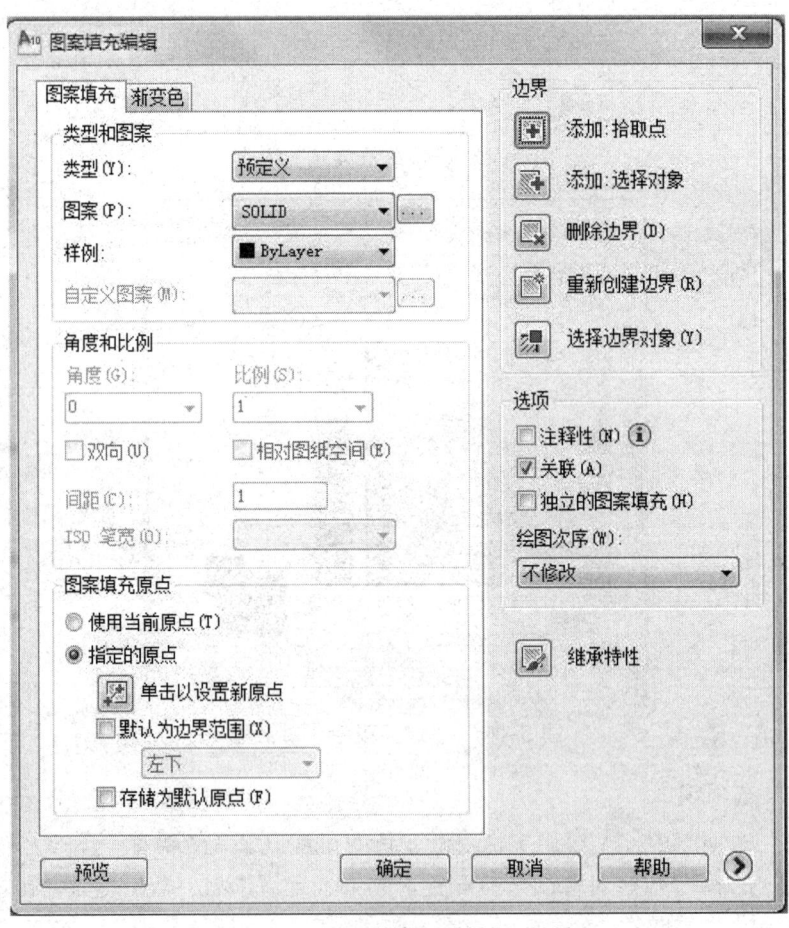

图 5-19 "图案填充编辑"对话框

二、图案填充的分解

无论图案填充多么复杂，通常情况下都是一个整体，即一个匿名"块"。一般情况下不会对其中的图线进行单独的编辑，如果需要编辑填充图案，也需采用"图案填充编辑"命令"hatchedit"。但在一些特殊情况下，如标注的尺寸和填充的图案重叠，必须将部分图案打断或删除以便清晰显示尺寸，此时必须将图案分解，然后才能进行相关的操作。

执行"分解"命令"explode"，分解后的填充图案变成了各自独立的实体。如图 5-20 所示，显示了分解前和分解后的不同夹点。

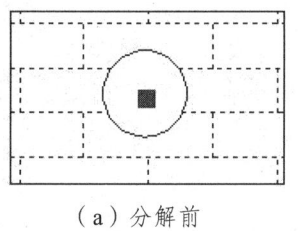
（a）分解前

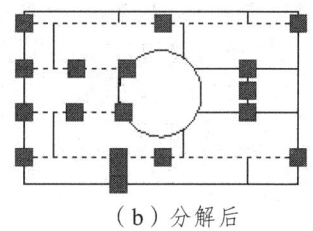
（b）分解后

图 5-20　图案填充分解

【例 5-1】绘制如图 5-21（a）所示的剖面图。

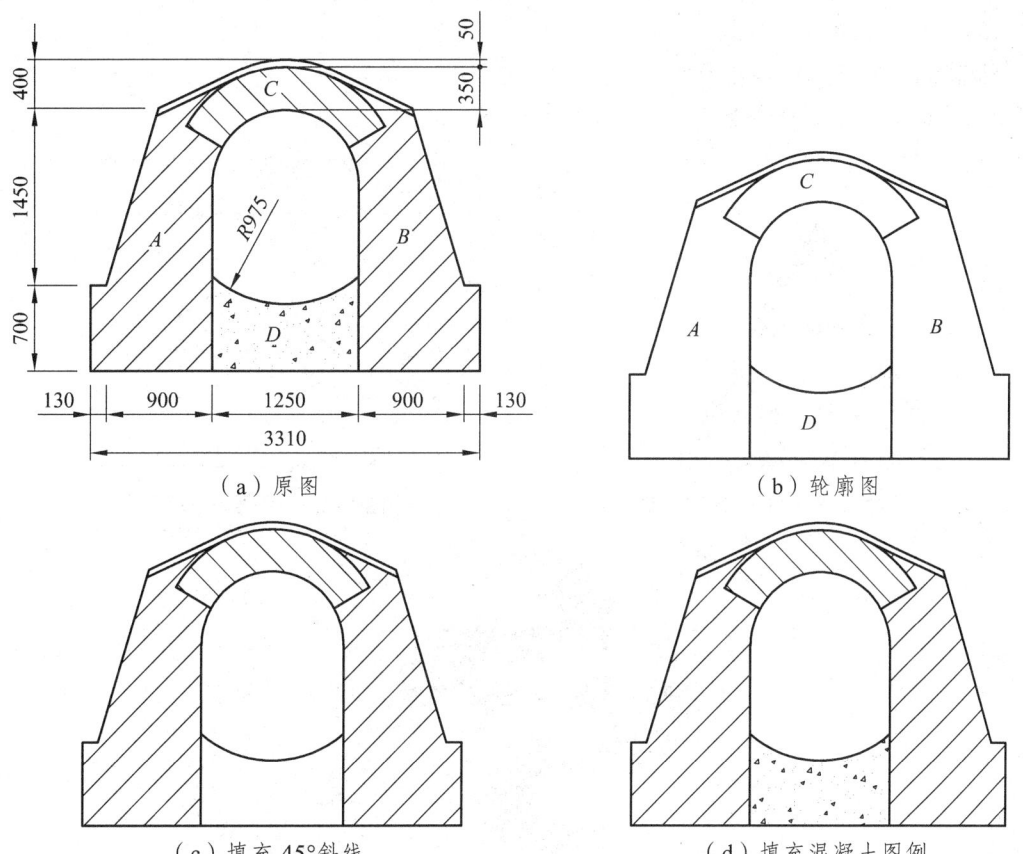

（a）原图　　　　　　　　　　（b）轮廓图

（c）填充 45°斜线　　　　　　（d）填充混凝土图例

图 5-21　剖面图绘制实例

解：

（1）绘制图形轮廓，如图 5-16（b）所示。

（2）填充如图 5-16（c）所示阴影线。

步骤一：单击绘图工具栏上的 按钮，启动"图案填充"命令。

步骤二：在弹出的"图案填充和渐变色"对话框中选择 ANSI31 图案（即 45°斜线），以"拾取点"方式为"边墙"（即 A 区和 B 区）填充图案。

步骤三：再次启动"图案填充"命令，选择 ANSI31 图案，在"角度与比例"选项卡下将"角度"设置为"90"，以"拾取点"方式为"拱顶"（即 C 区）填充图案。

（3）填充如图 5-16（d）所示的混凝土图例。

步骤一：单击绘图工具栏上的 按钮，启动"图案填充"命令。

步骤二：在弹出的"图案填充和渐变色"对话框中选择 AR-CONC 图案（即混凝土图例），以"拾取点"方式为"仰拱"（即 D 区）填充图案。

思考与练习

1. 绘制如图 5-22 所示图案。
2. 绘制如图 5-23 所示地层分布图。
3. 绘制如图 5-24 所示图案。

图 5-22 "图案填充"图形效果（题 1）

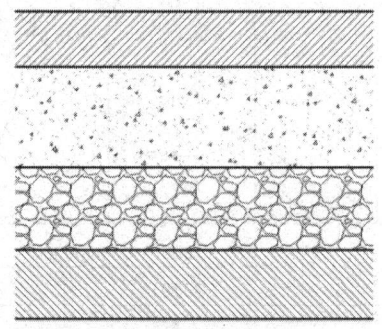

图 5-23 地层分布图

图 5-24 "图案填充"图形效果（题 3）

项目六　三视图绘制

任务一　三视图绘制技巧

绘制三视图时，若利用"构造线""射线"作为辅助线，不仅可以实现"长对正、高平齐、宽相等"的基本要求，保证图形的正确性，还可省去很多重复尺寸的输入。尤其是绘制较复杂的图形时，这一方法更加便捷。

项目简介　　项目微课

一、构造线

1. 构造线的调用方法

（1）直接在命令行中输入"xline"（或快捷键<X＋L>），按<Enter>键确认。

（2）执行"绘图"→"构造线"命令。

（3）单击绘图工具栏上的"构造线"按钮 。

2. 命令提示及选项含义

命令：单击绘图工具栏上的 "构造线"按钮 （或采用其他两种方式）。
_xline 指定点或 [水平（H）/垂直（V）/角度（A）/二等分（B）/偏移（O）]：
各项含义如下：

【水平（H）】：画出通过指定点并平行于 X 轴的构造线。

【垂直（V）】：画出通过指定点并平行于 Y 轴的构造线。

【角度（A）】：画出指定角度的构造线。

【二等分（B）】：画出的构造线通过所给角的顶点，并平分该角。键入 B 后，提示如下：

指定角的顶点：指定角的顶点
指定角的起点：指定角的起点
指定角的端点：指定角的端点

之后连续出现"指定角的端点："这一提示，可连续指定角的端点，继续绘制其他构造线，直至按<Enter>键结束命令。

【偏移（O）】：建立平行于另一直线或构造线的构造线。

3. 说　明

（1）构造线是一种双向无限延长的直线，它总是延伸到图形区的边界。

（2）构造线具备层、颜色、线型等特性。

（3）通过编辑，可以使构造线成为直线或射线。

【例 6-1】利用"构造线"命令绘制如图 6-1（a）所示的图形。

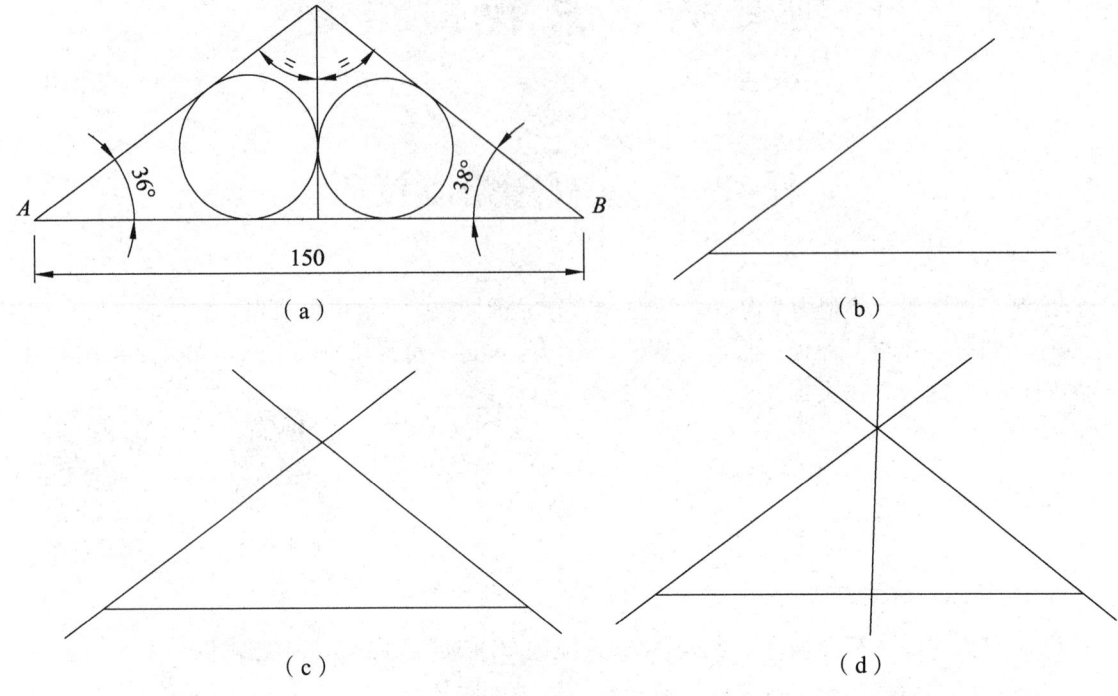

图 6-1　例 6-1 图

解：绘制步骤如下：

（1）绘制 AB 直线。

（2）利用"构造线"命令绘制三角形左腰。

命令：单击绘图工具栏上的"构造线"按钮，启动"坐标"命令后，命令行提示：

_xline 指定点或 [水平（H）/垂直（V）/角度（A）/二等分（B）/偏移（O）]：a↙

输入构造线的角度（0）或 [参照（R）]：输入 36，并按<Enter>键确认

指定通过点：捕捉 A 点

指定通过点：按<Enter>键结束

绘制结果如图 6-1（b）所示。

（3）利用"构造线"命令绘制三角形右腰。

操作步骤与同第 2 步，绘制结果如图 6-1（c）所示。

注意：角度为 142°（180°－38°＝142°）。

（4）利用"构造线"命令绘制顶角角平分线。

_xline 指定点或 [水平（H）/垂直（V）/角度（A）/二等分（B）/偏移（O）]：b↙

指定角的顶点：捕捉角的顶点

指定角的起点：捕捉 A 点

指定角的端点：捕捉 B 点

指定角的端点：按<Enter>键结束

绘制结果如图6-1（d）所示。

（5）修剪、绘制两圆。

利用"trim"命令修剪过长构造线后，用"三点"法绘制两个圆，绘制结果如图6-1（a）所示。

二、射　线

1. 射线的调用方法

（1）直接在命令行中输入"ray"，按<Enter>键确认。

（2）执行"绘图"→"射线"命令。

2. 命令提示

命令：在命令行中输入 ray↙或执行"绘图"→"射线"命令。

ray 指定起点：指定射线起点
指定通过点：指定射线通过点

之后连续出现"指定通过点："这一提示，可连续指定通过点，继续绘制其他射线，直至按<Enter>键结束命令。

3. 说　明

（1）启动"ray"命令后可以连续绘制多条不同角度的射线，直至按<Enter>键结束命令。

（2）射线是一种单向无限延长的直线，延伸端总是延伸到图形区的最边界。

（3）射线上的点可以被捕捉。

任务二　三视图绘制方法

以绘制如图6-2（a）所示的三视图为例，介绍三视图的绘制方法与步骤。

（1）用"Layer（图层）"命令设置图层，如粗实线层、虚线层等，并设置各层的线型、线宽及颜色。

（2）以0层（或单独设置一个辅助线层）为当前层，用ray（射线）、xline（构造线）及offset（偏移）命令绘制作图网格，如图6-2（b）所示。

（3）将粗实线层设置为当前层，然后将目标捕捉设置为交点捕捉，用line（直线）命令绘制如图6-2（c）所示的粗实线；再将当前图层设置为虚线层，绘制如图6-2（c）中的虚线。

（4）删除辅助线或关闭、冻结辅助线层，得到如图6-2（a）所示的图形。

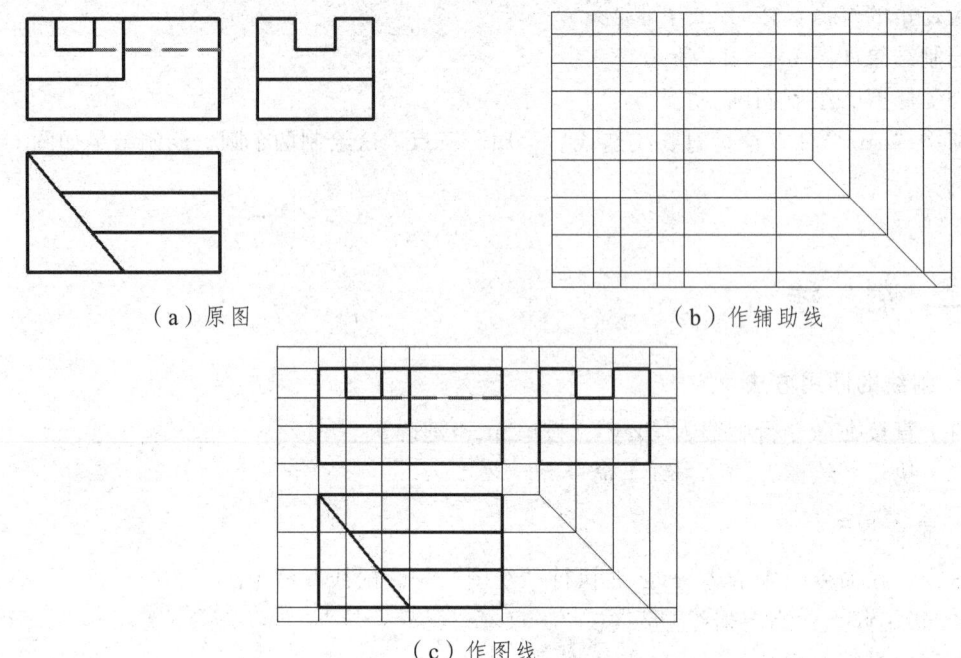

(a)原图　　　　　　　　　(b)作辅助线

(c)作图线

图 6-2　三视图的绘制

【例 6-2】绘制如图 6-3（a）所示的室外台阶三视图。

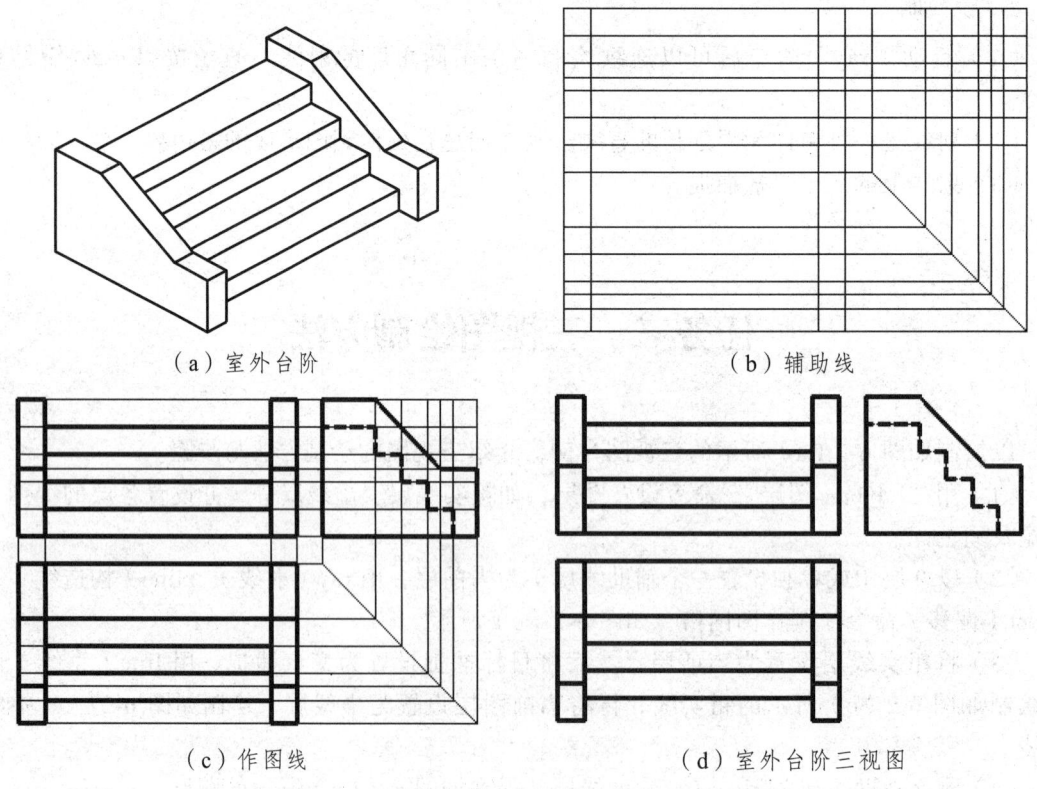

(a)室外台阶　　　　　　　　　(b)辅助线

(c)作图线　　　　　　　　　(d)室外台阶三视图

图 6-3　例 6-2 图

解：

（1）用"Layer（图层）"命令设置粗实线层、虚线层两个图层，各层的线型、线宽及颜色如表6-1所示。

表6-1　图层设置要求

层名	颜色	线型	线宽	用途
粗实线层	黑/白	Continuous	0.5	可见轮廓线
虚线层	黑/白	DASHED	0.13	不可见轮廓线

（2）以0层（或单独设置一个辅助线层）为当前层，用ray（射线）、xline（构造线）及offset（偏移）命令绘制辅助线，如图6-3（b）所示。

（3）将粗实线层设为当前层，然后将目标捕捉设置为交点捕捉，用line（直线）命令绘制如图6-3（c）所示的粗实线，再将当前图层设置为虚线层，绘制如图6-3（c）所示的虚线。

（4）删除辅助线或关闭、冻结辅助线层，得到如图6-3（a）所示的图形。

【例6-3】绘制如图6-4所示的杯口基础1—1剖面图。

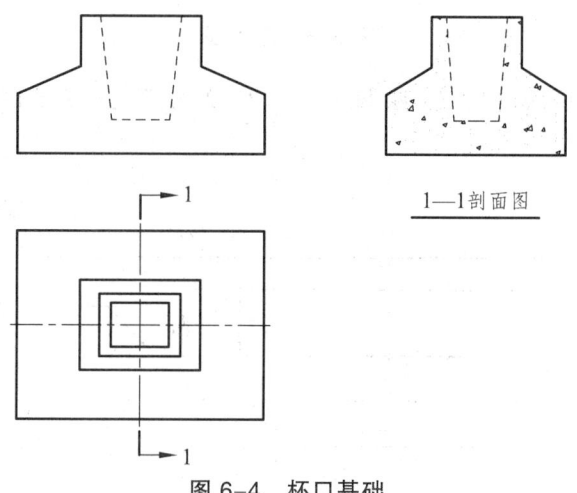

图6-4　杯口基础

解：

（1）绘制杯口基础三视图，如图6-4所示，绘制方法见【例6-2】。

（2）填充剖面：用AR-CONC图案（即混凝土图例）填充剖面，填充方法详见项目五图案填充。

思考与练习

1. 根据图6-5所示立体图绘制三视图。

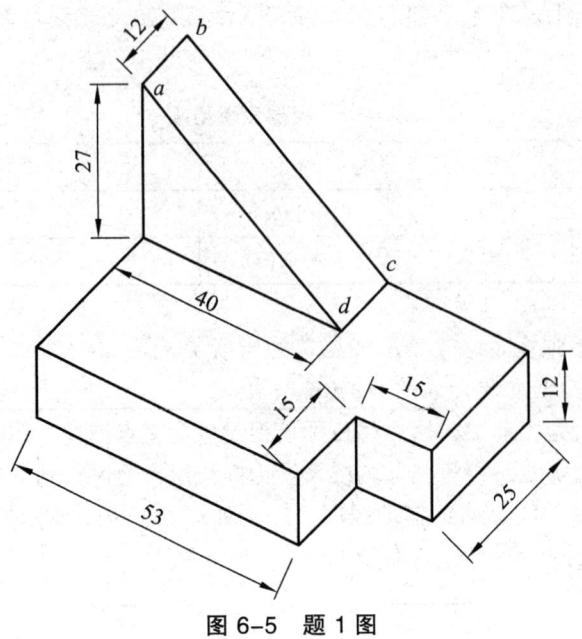

图 6-5 题 1 图

2. 根据所给主视图、俯视图或轴测图，绘制 1—1、2—2 断面图，断面应按投影关系配置在剖切位置线的延长线上。

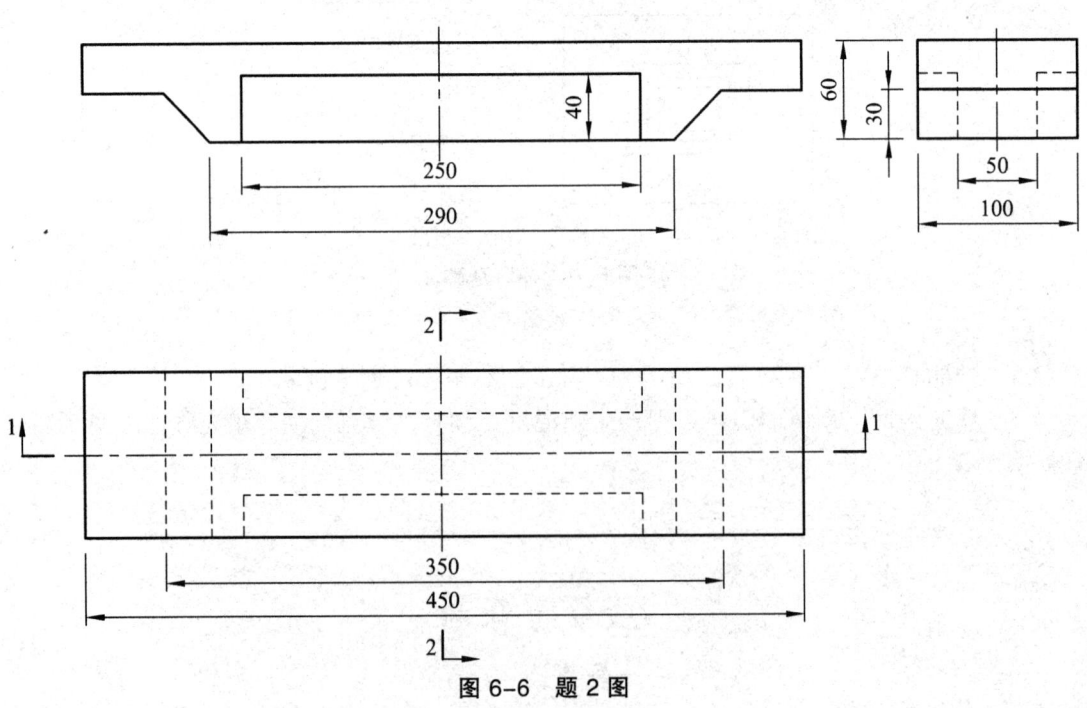

图 6-6 题 2 图

3. 按 1∶1 抄绘图 6-7 所示剖视图，并标注尺寸。

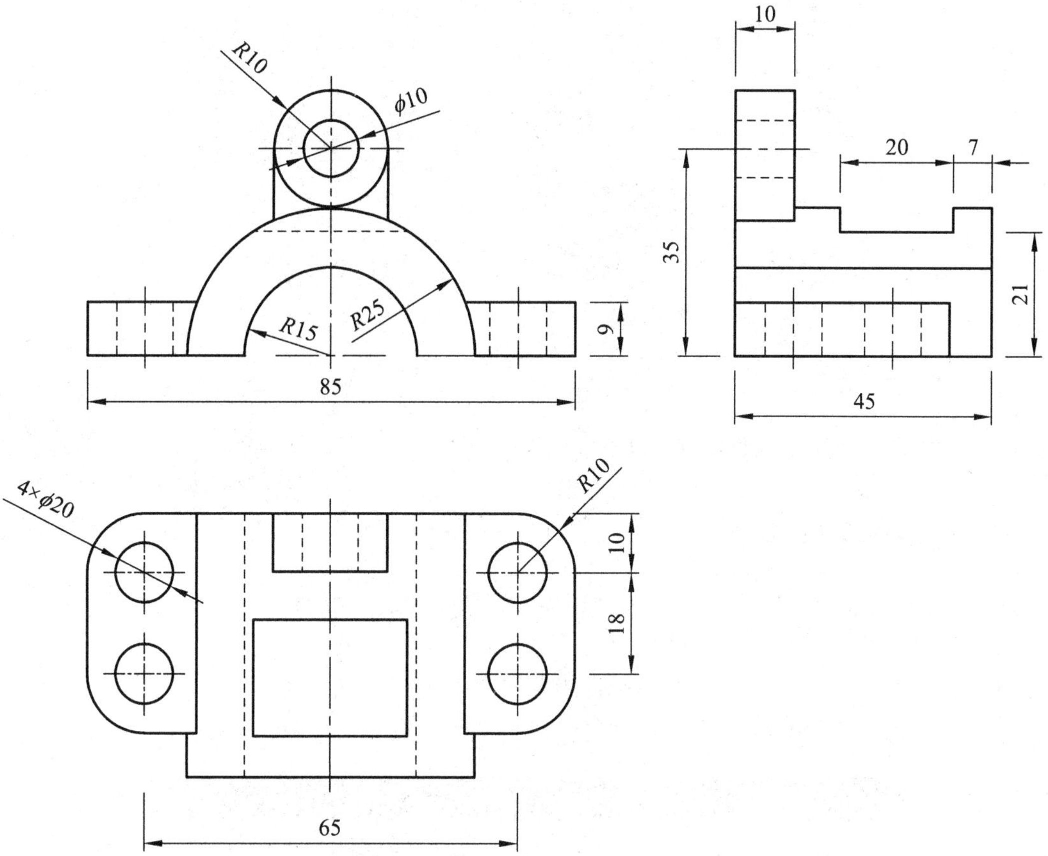

图 6–7　题 3 图

4. 缴劒姑坚 6-8 拔裸蠢龟鞾訢坚，廒裁疗箈乞訢坚。

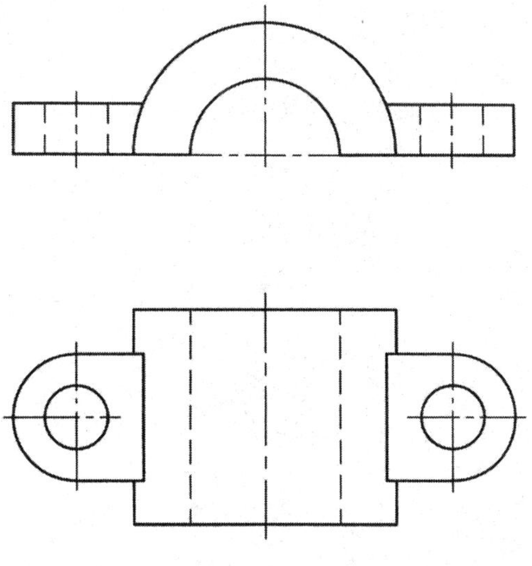

图 6–8　题 4 图

项目七　图形打印与输出

任务一　在模型空间打印 A4 图纸

一、任务要求

在模型空间用 A4 图纸打印 AutoCAD 图形文件。

项目简介

项目微课

二、任务实施步骤

（1）打开 AutoCAD 图形文件（如"顶尖座装配图.dwg"文件）。
（2）打印设置。
单击状态栏中的"模型"按钮，确保当前环境为模型空间环境。
执行"文件"→"打印"命令，进行打印设置（见图 7-1 与图 7-2）。

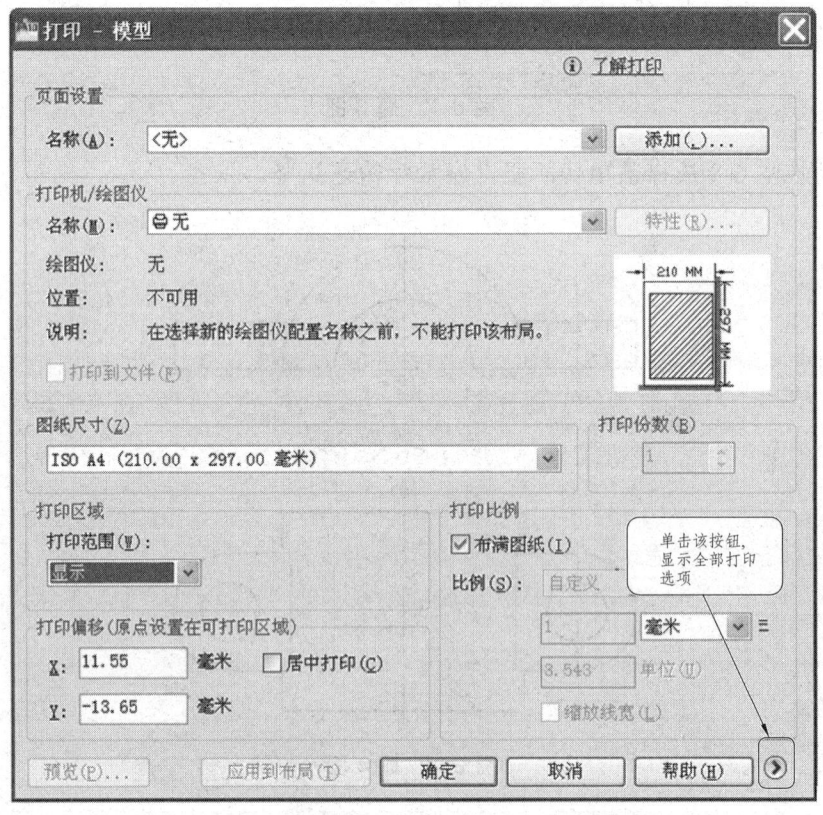

图 7-1　显示"打印"对话框的所有选项

注意：只有安装了打印机驱动程序的打印机，才能在"打印机/绘图仪"下拉列表中找到打印机名称，若未安装，可以进行虚拟的网上打印，选择的打印机为"DWF6 ePlot.pc3"。

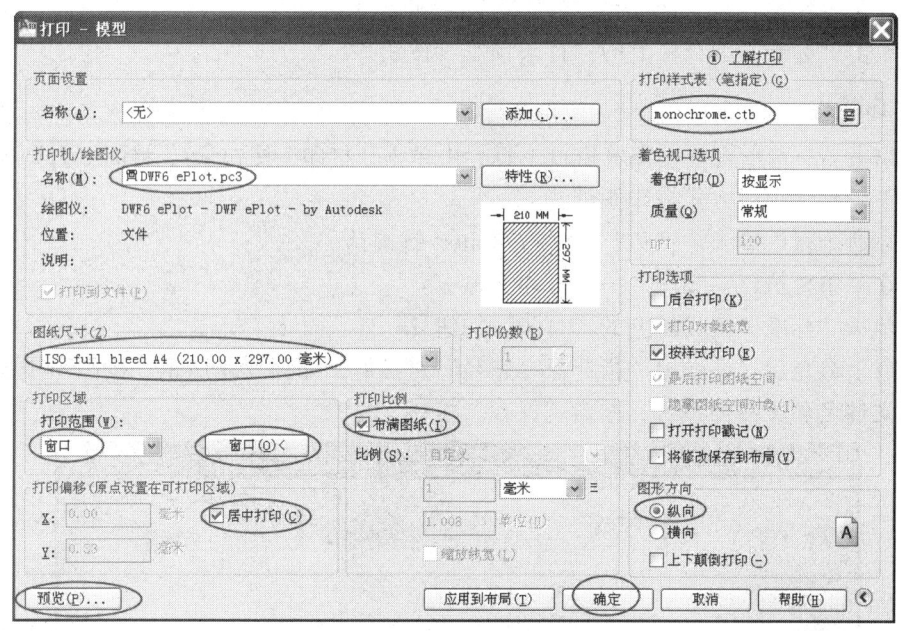

图 7-2 "打印–模型"对话框

3. 打印预览

正式打印图纸前，可通过"打印预览"查看打印效果，检查视口图纸分布是否正确，图形中的线型、线宽有无错误等。单击"预览（P）"按钮，将弹出图纸的打印预览窗口，如图 7-3 所示。

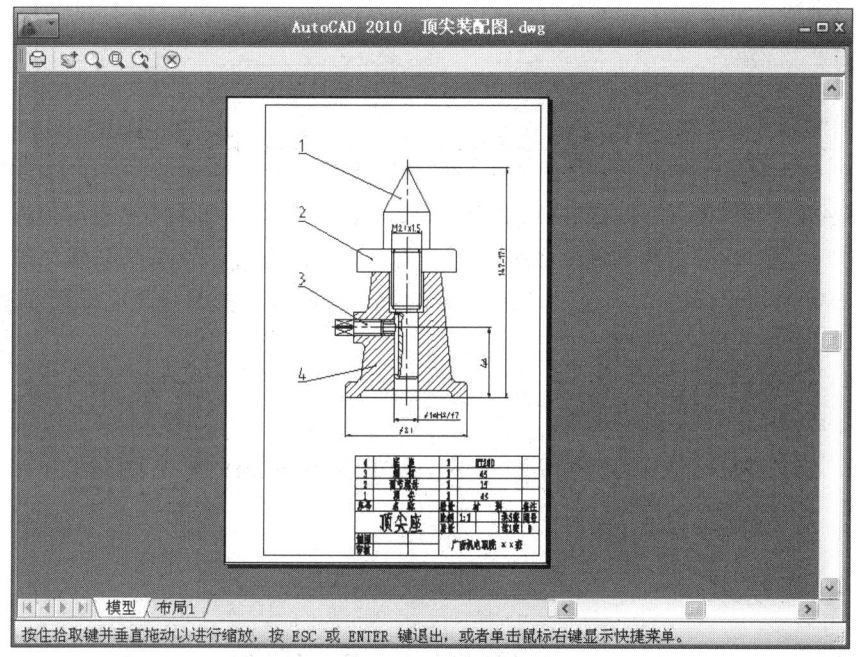

图 7-3 预览打印效果

此外，也可通过以下常用方式进行打印预览：
(1) 在命令行内输入"PREVIEW"，并按<Enter>键确认。
(2) 在菜单栏执行"文件"→"打印预览"命令。
(3) 单击"标准"工具栏上的"打印预览"按钮。

4. 打印输出

预览结束后，可以直接在预览窗口工具栏中单击"打印"按钮，将图纸打印输出；也可通过以下几种常用的方式打印图纸：
(1) 在命令行内输入"PLOT"，并按<Enter>键确认。
(2) 在菜单栏执行"文件"→"打印"命令。
(3) 单击"标准"工具栏上的"打印"按钮。

执行以上命令后，将弹出"指定保存路径"对话框，如图 7-4 所示。按图示步骤设置保存路径、文件名和文件类型后，单击"保存"按钮。

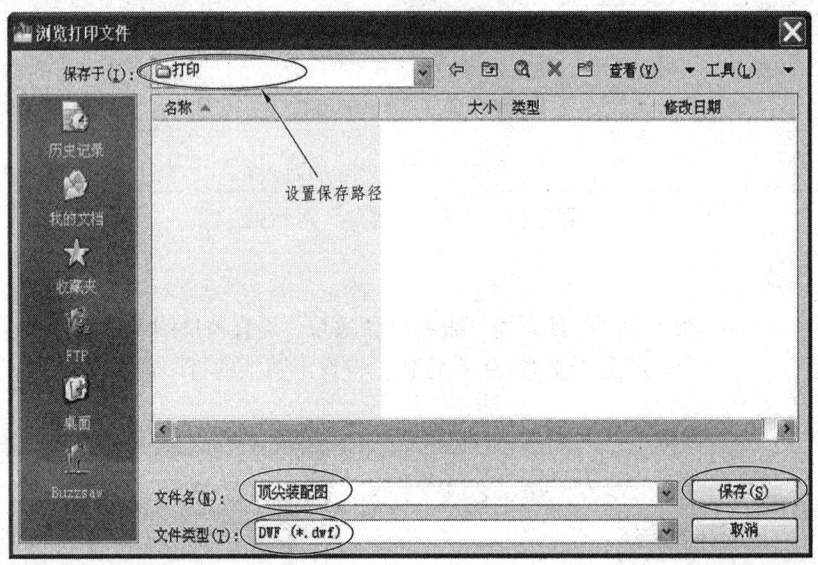

图 7-4　指定保存路径

今后若安装了打印机，可以打开已创建的 DWF 文件，进行文件打印；也可以在 AutoCAD 中重新调用"打印"命令，按如图 7-2 所示的步骤完成打印设置，只是在选择打印机名称时，不再选择"DWF6 ePlot.pc3"，而是选择已安装的打印机型号，打印设置完成后单击"确定"按钮，即可打印出一张 A4 图纸。

任务二　在布局空间打印 A3 和 A2 图纸

一、任务要求

利用 AutoCAD 的布局向导功能创建图形布局，并打印出图。

二、任务实施步骤

在模型空间中通常采用 1∶1 的比例进行绘制图形。出图时，根据不同的打印需求，例如要对同一组图形同时打印 A3 和 A2 的图纸，则要借助于布局空间进行打印输出。

在打印前需要做好前期准备工作，把 A3 和 A2 的图框作为块文件存盘（WBLOCK 命令），此步骤略。

（1）打开 AutoCAD 图形文件（如"支架.dwg"文件）。

（2）利用布局向导新建布局"A3"，如图 7-5、7-6 所示。

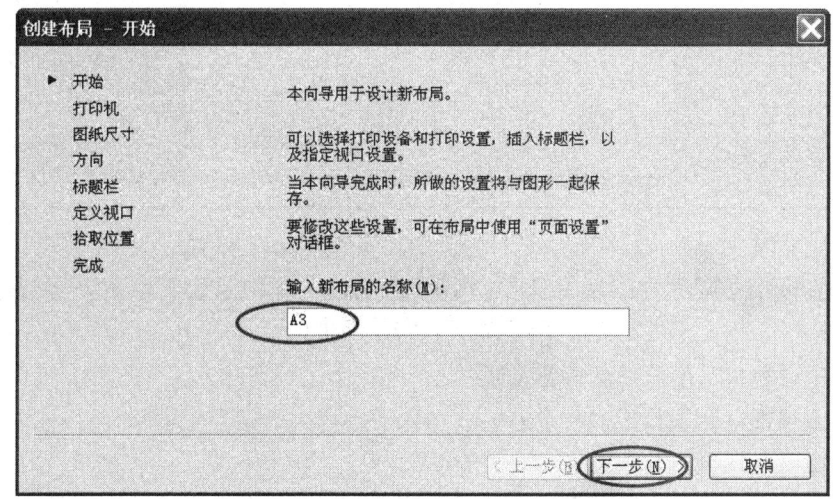

图 7-5 "创建布局-开始"对话框

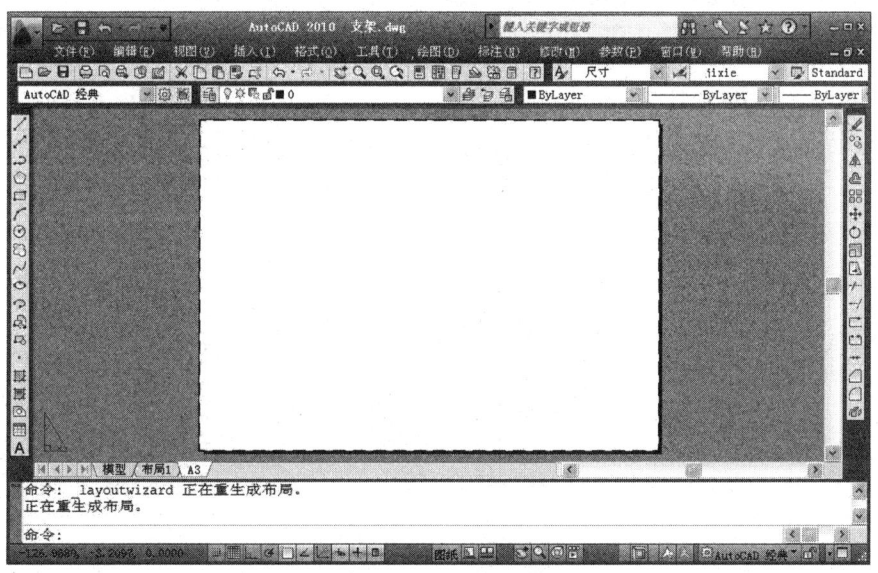

图 7-6 创建好的"A3"布局

（3）插入 A3 图框。

执行"插入→块"命令，浏览已创建完成的"A3 图框块.dwg"文件，插入点设置为"0，

0",将 A3 图框块插入新建的 A3 布局上(见图 7-7)。

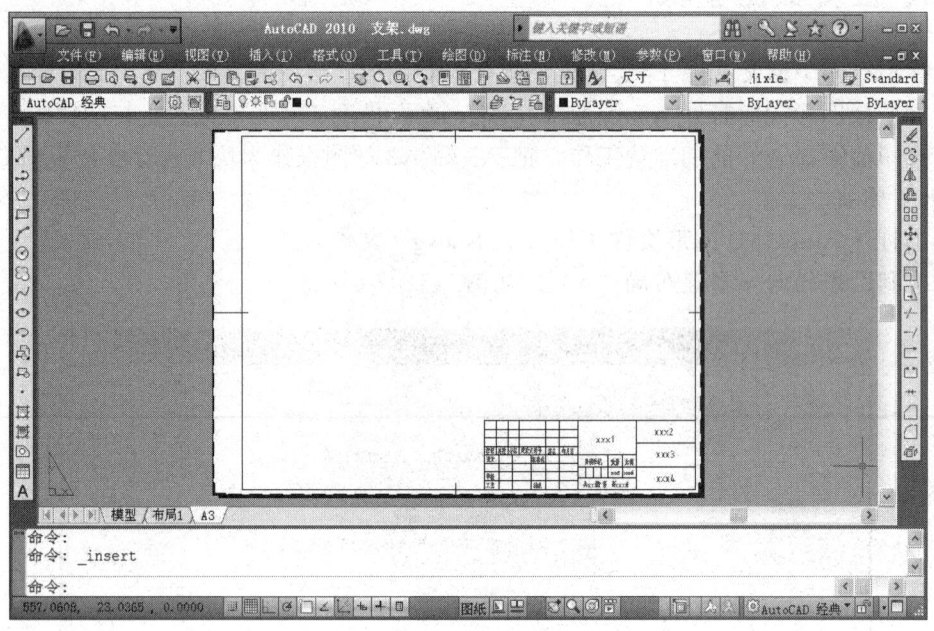

图 7-7 插入 A3 图框块

(4)新建"视口"图层并置为当前层。
(5)调出"视口"工具栏。
(6)创建单个视口。

单击"视口"工具栏上的"多边形视口"按钮,分别选择如图 7-8 所示的 A、B、C、D、E、F 六点,创建多边形视口区域。

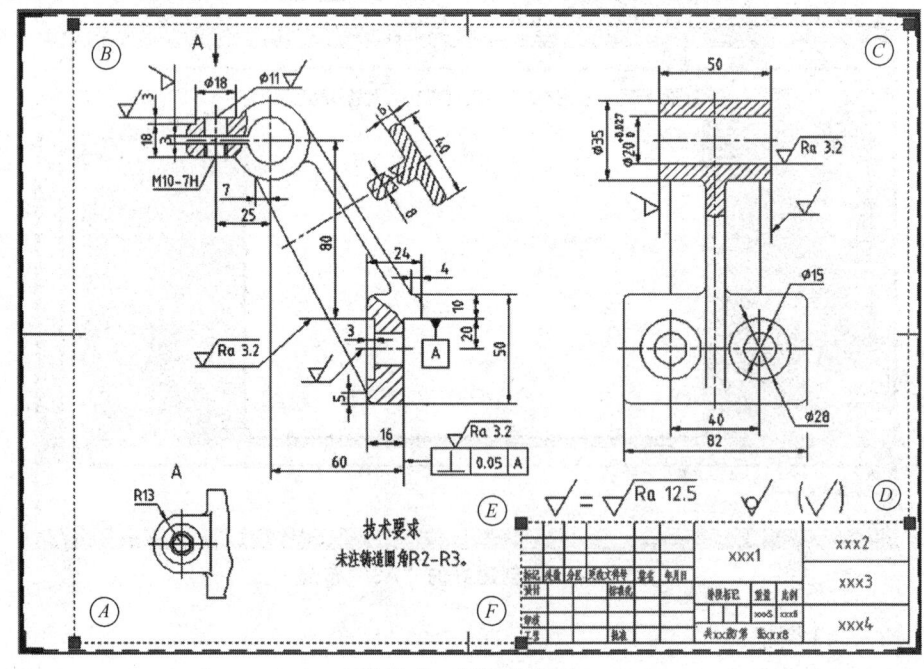

图 7-8 多边形视口

（7）确定视口的精确打印比例。

在视口边界内部双击，进入模型空间，把视图调整到合适的位置。选择视口边界，边界显示为虚线，在"视口"工具栏中选择精确合适的比例，如"2∶1"。

（8）关闭并锁住"视口"图层。

为了在打印布局时不显示视口的边界线，须把"视口"层关闭并锁住，也可将"视口"图层设置为"不打印"状态。

（9）编辑和补充标题栏内的文字。

在标题栏文字处双击，即可编辑插入的A3图框块，将图样名称、零件材料、设计单位、图号等文字内容修改正确。对于标题栏内还需要补充的文字内容，应调用"多行文字"或"单行文字"命令填写完整。

（10）重复以上步骤建立"A2"的布局（比例为4∶1）。

（11）打印图形。

选择其中一个布局，如"A3"布局，执行"文件"→"打印"命令，系统弹出如图7-9所示的对话框（如需打印"A2"布局，只需在"页面设置"框中选择"A2"）。

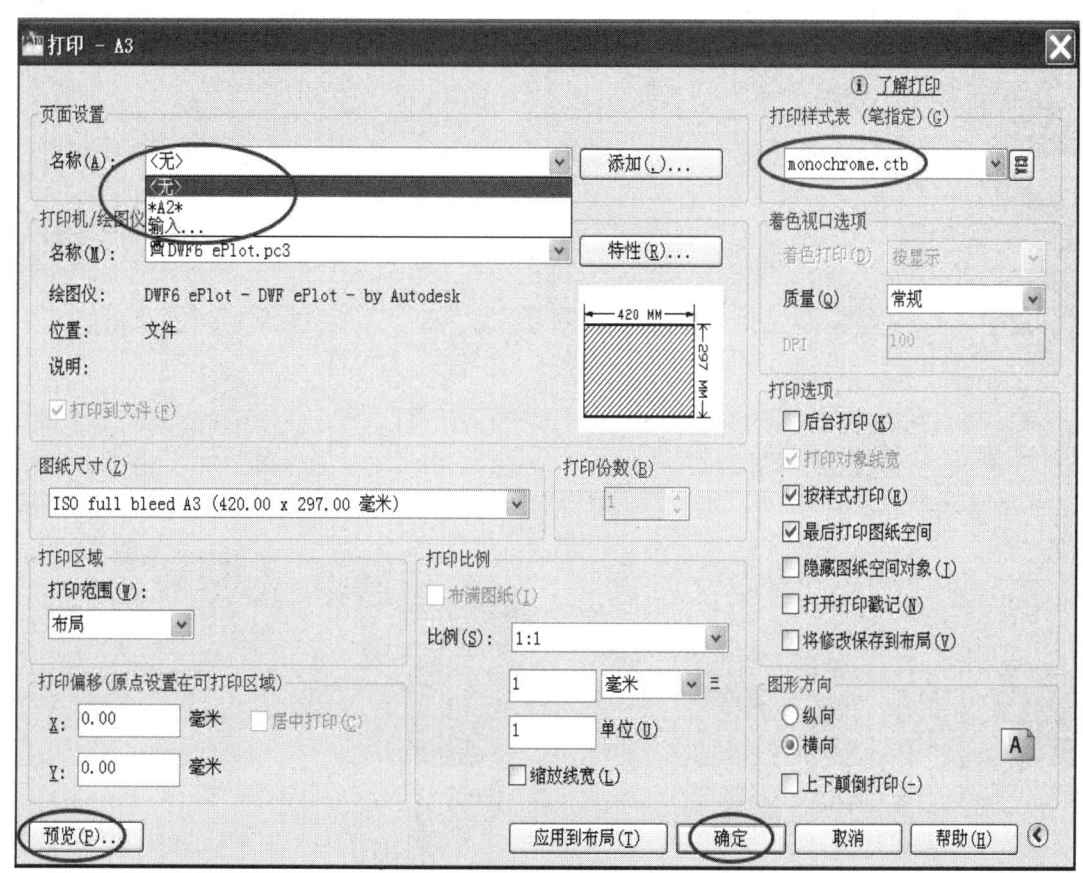

图7-9 "布局"打印

思考与练习

1. 请列举至少 5 种 Auto CAD 能支持的输入文件格式，并查阅相关资料，详细了解每种格式的含义。
2. 自行绘制一张 Auto CAD 图纸，并将其输出为 PDF 文件。
3. 创建一个新的布局，要求图纸大小为 A3，横向放置，并采用"标准三维工程视图"视口。
4. 在布局图纸空间对某个视口进行裁剪，要求裁剪后的视口为非矩形视口。

项目八 CAD 绘图实战

任务一 辅助绘图工具练习

【习题1】相对直角坐标、相对极坐标绘制如图 8-1 所示的图形。

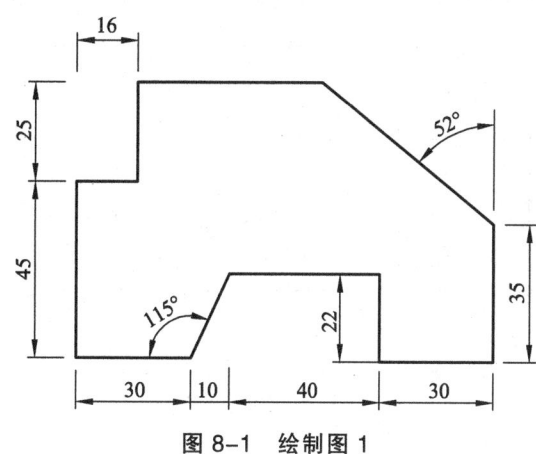

项目简介　项目微课

部分习题标准答案

图 8-1　绘制图 1

【习题2】打开正交模式绘制如图 8-2 所示的图形。

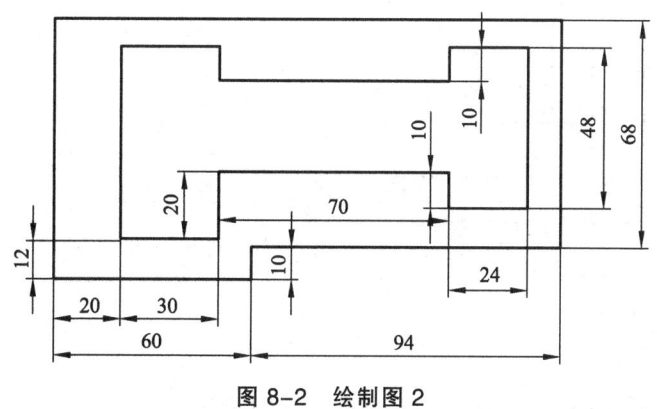

图 8-2　绘制图 2

【习题3】利用各种目标捕捉方式将图 8-3（a）修改为图 8-3（b）。

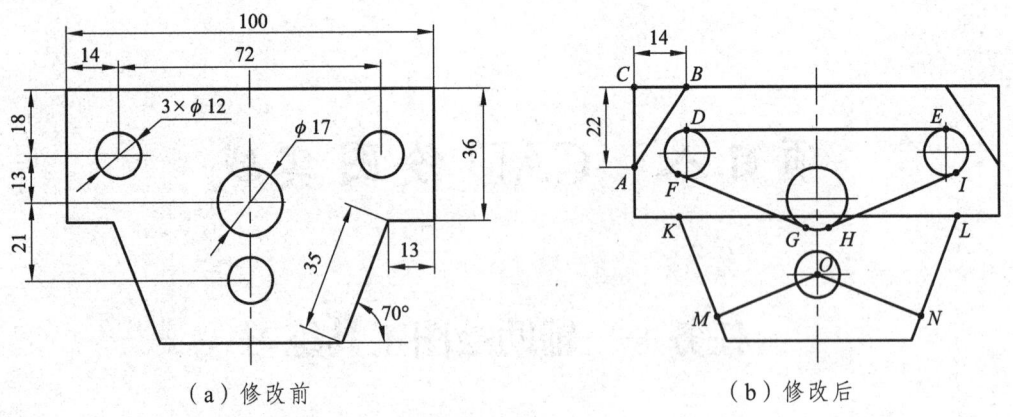

(a) 修改前　　　　　　　　　　　　(b) 修改后

图 8-3　绘制图 3

【习题 4】打开极轴追踪模式（FIO），通过输入直线的长度绘制如图 8-4 所示的图形。

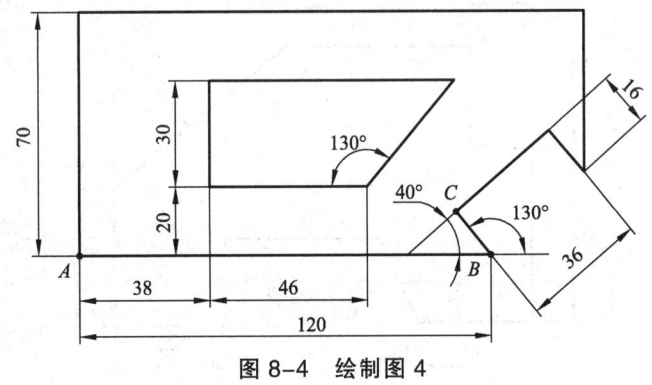

图 8-4　绘制图 4

【习题 5】利用极轴追踪、自动捕捉及目标捕捉追踪功能绘制如图 8-5 所示的图形。

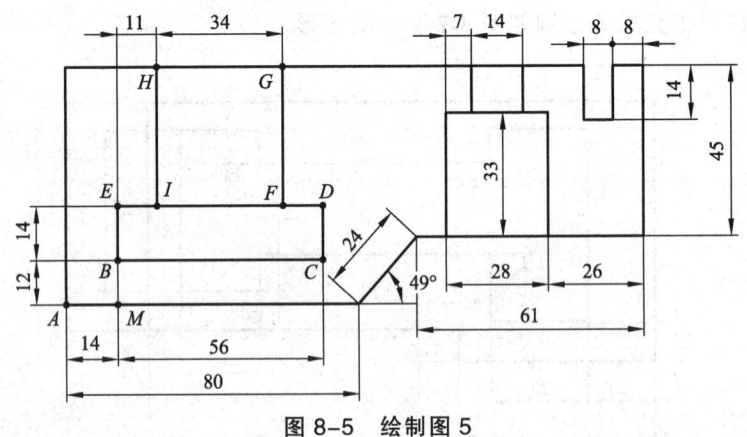

图 8-5　绘制图 5

【习题 6】利用栅格捕捉功能绘制如图 8-6 所示的图形。

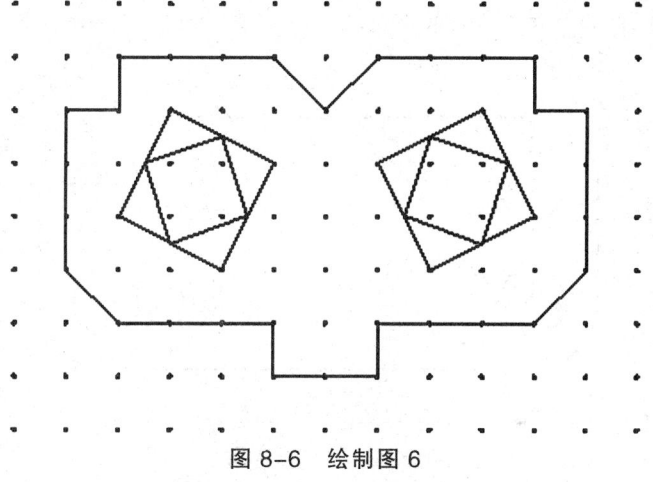

图 8-6 绘制图 6

任务二 绘图命令练习

【习题 7】利用 circle（圆）和 line（直线）等命令绘制如图 8-7 所示的图形。

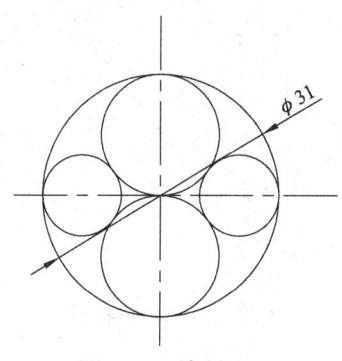

图 8-7 绘制图 7

【习题 8】利用 circle（圆）和 line（直线）等命令绘制如图 8-8 所示的图形。

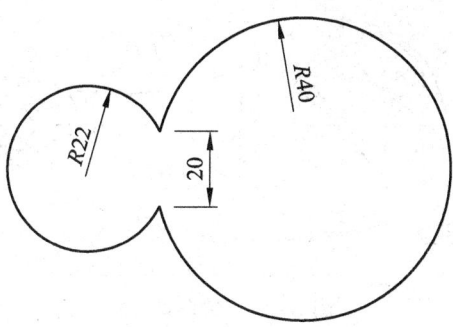

图 8-8 绘制图 8

【习题 9】利用 circle（圆）和 line（直线）等命令绘制如图 8-9 所示的图形。

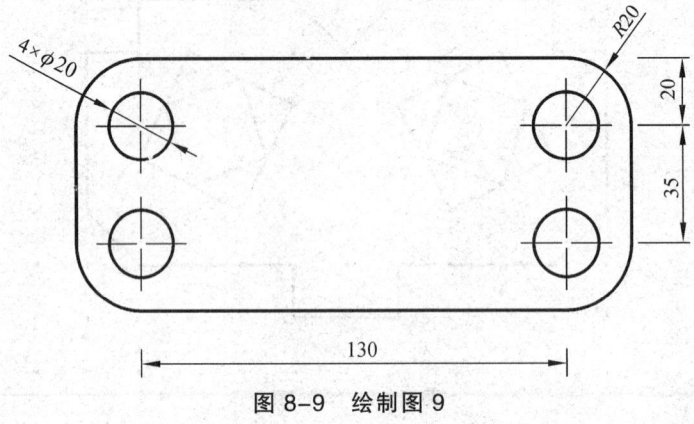

图 8-9　绘制图 9

【习题 10】利用 line（直线）、circle（圆）及 ellipse（椭圆）等命令绘制如图 8-10 所示的图形。

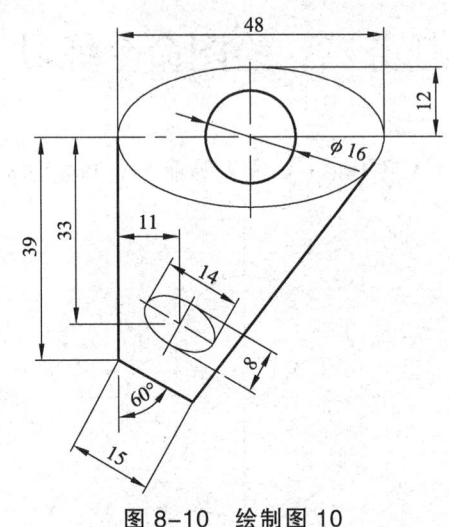

图 8-10　绘制图 10

【习题 11】利用 circle（圆）和 ellipse（椭圆）等命令绘制如图 8-11 所示的图形。

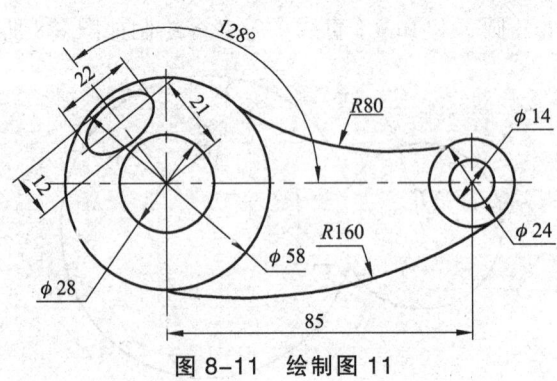

图 8-11　绘制图 11

【习题 12】利用 polygon（正多边形）和 circle（圆）等命令绘制图 8-12 所示的图形。

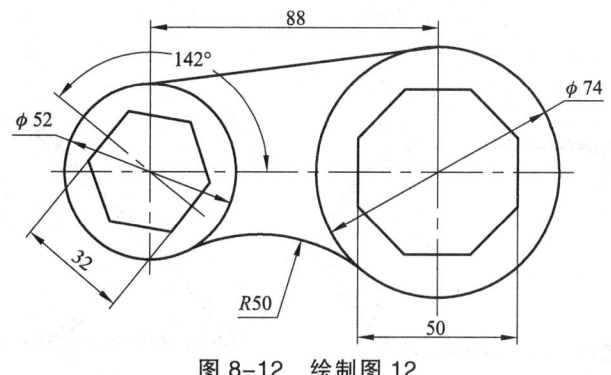

图 8-12 绘制图 12

【习题 13】利用 polygon（正多边形）和 circle（圆）等命令绘制如图 8-13 所示的图形。

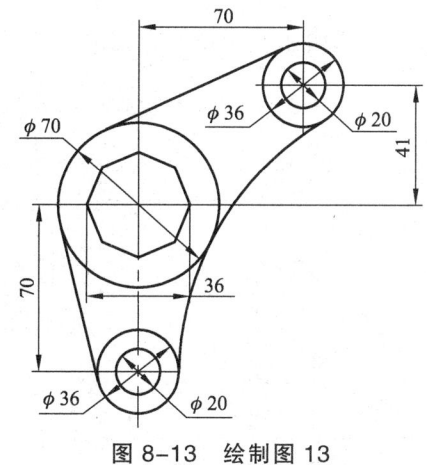

图 8-13 绘制图 13

【习题 14】利用 pline（多段线）和 line（线）等命令绘制如图 8-14 所示的图形。

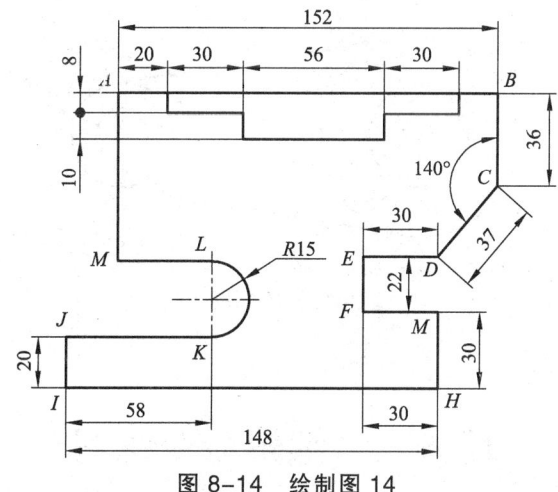

图 8-14 绘制图 14

【习题 15】利用 pline（多段线）命令绘制如图 8-15（a）所示的图形，并将其改为图 8-15（b）所示的图形。

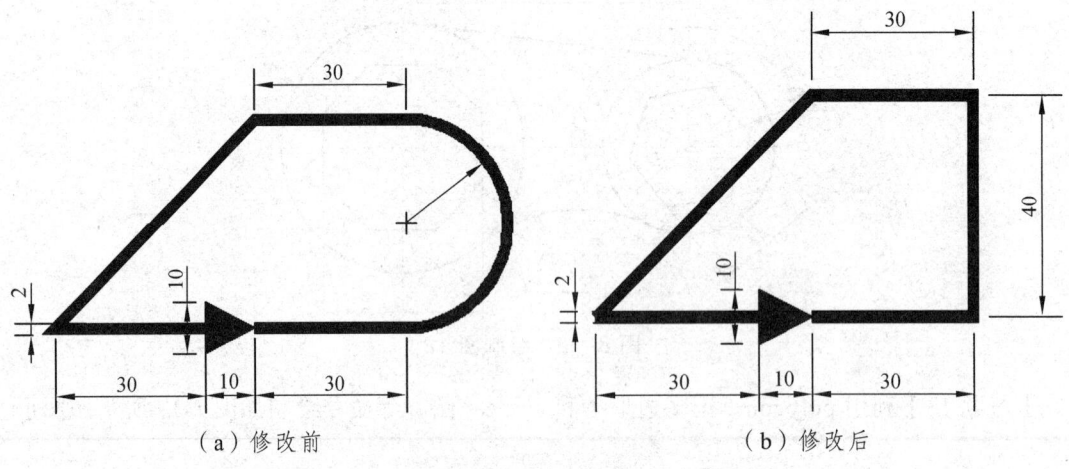

(a) 修改前　　　　　　　　　　　(b) 修改后

图 8-15　绘制图 15

【习题 16】利用 line（线）和 arc（圆弧）命令绘制如图 8-16 所示的图形。

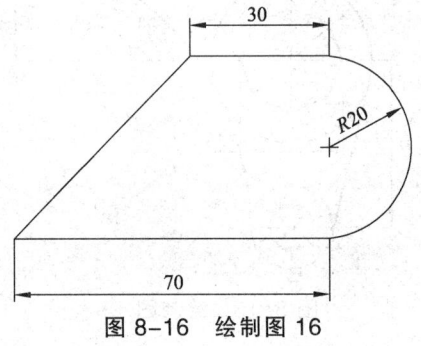

图 8-16　绘制图 16

【习题 17】利用 line（直线）、circle（圆）等命令绘制如图 8-17 所示的图形。

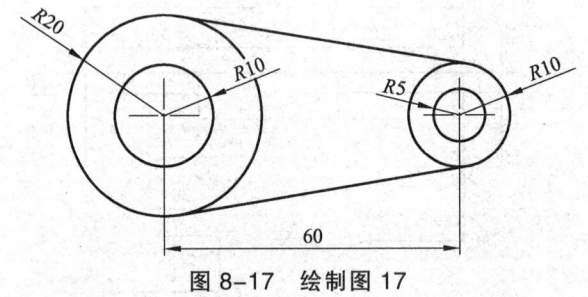

图 8-17　绘制图 17

任务三　编辑命令练习

【习题 18】利用 line（直线）、copy（复制）等命令绘制如图 8-18 所示的图形。

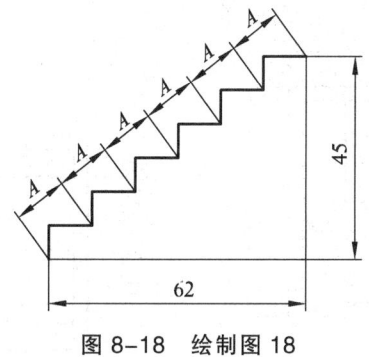

图 8-18 绘制图 18

【习题 19】利用 line（直线）、circle（圆）及 copy（复制）等命令绘制如图 8-19 所示的图形。

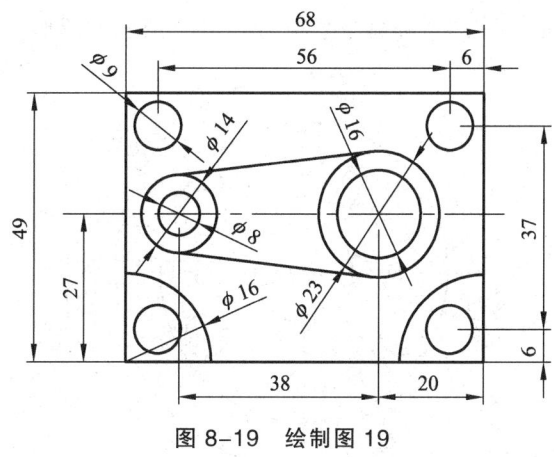

图 8-19 绘制图 19

【习题 20】利用 copy（复制）和 mirror（镜像）等命令绘制如图 8-20 所示的图形。

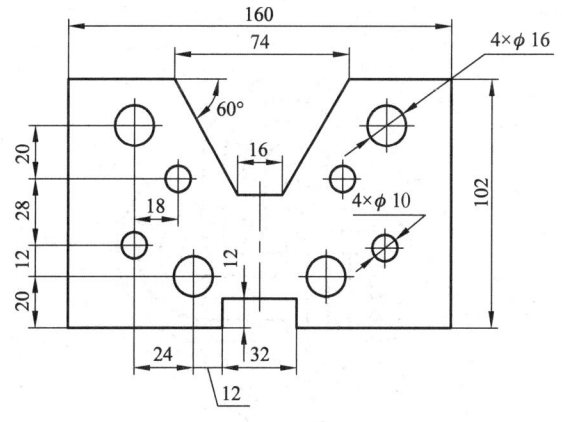

图 8-20 绘制图 20

【习题 21】利用 offset（偏移）、trim（修剪）和 line 等命令绘制如图 8-21 所示的图形。

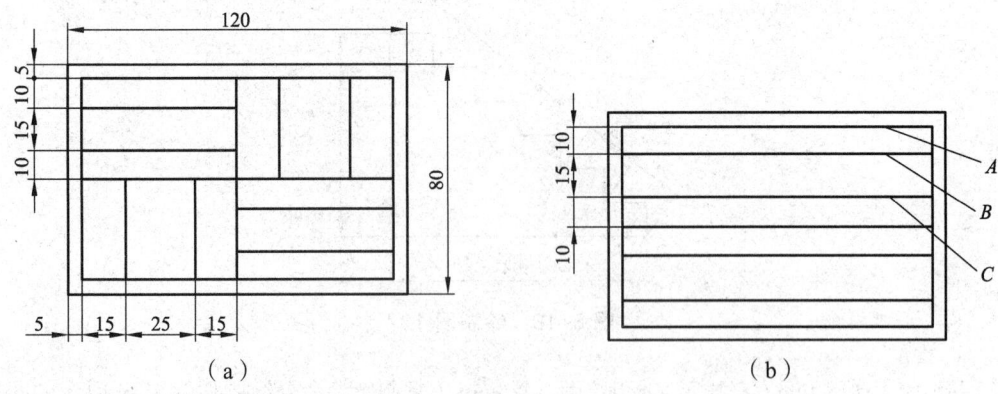

图 8-21 绘制图 21

【习题 22】利用 array（阵列）等命令绘制如图 8-22 所示的图形。

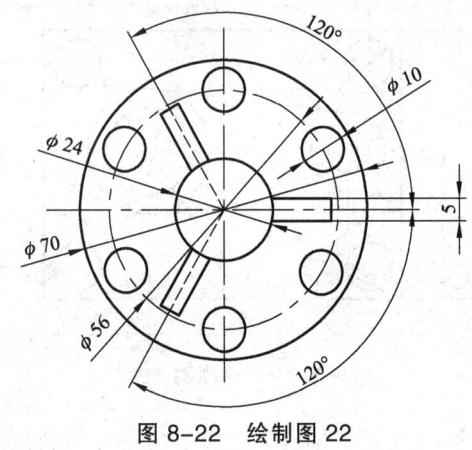

图 8-22 绘制图 22

【习题 23】利用 pline（多段线）、offset（偏移）、array（阵列）等命令绘制如图 8-23 所示的图形。

图 8-23 绘制图 23

【习题 24】利用 arc（圆弧）、array（阵列）等命令绘制如图 8-24 所示的图形。

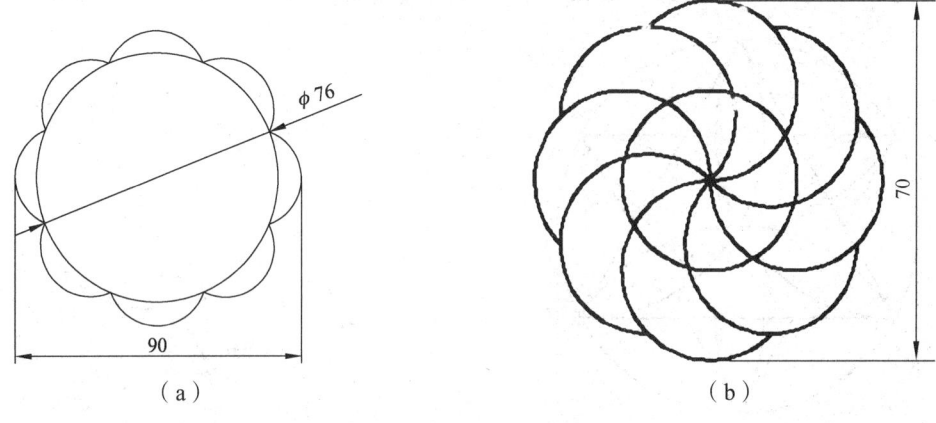

图 8-24　绘制图 24

【习题 25】利用 polygon（正多边形）、array（阵列）等命令绘制如图 8-25 所示的图形。

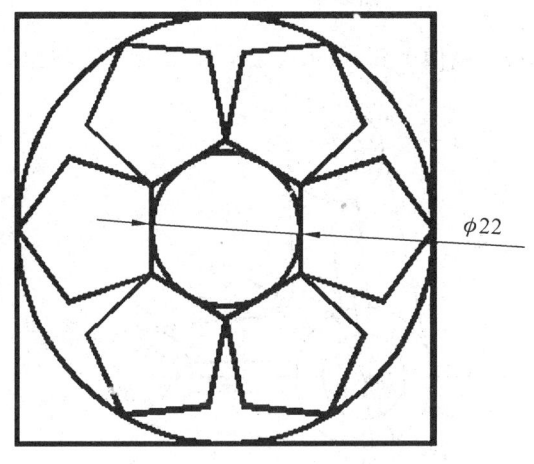

图 8-25　绘制图 25

【习题 26】利用 array（阵列）和 rotate（旋转）等命令绘制如图 8-26 所示的图形。

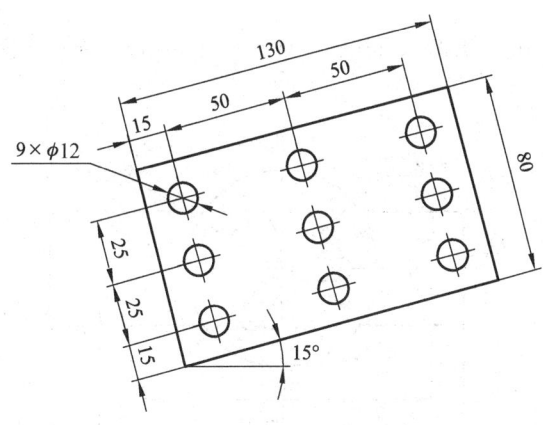

图 8-26　绘制图 26

【习题 27】利用 arc（圆弧）、array（阵列）等命令绘制如图 8-27（a）、(b) 所示的图形。

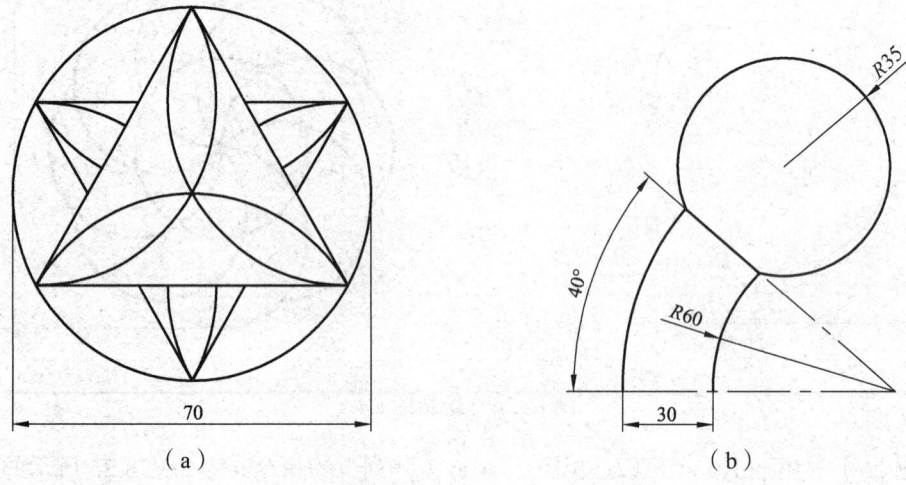

图 8-27　绘制图 27

【习题 28】利用 mirror（镜像）和 rotate（旋转）等命令绘制如图 8-28 所示的图形。

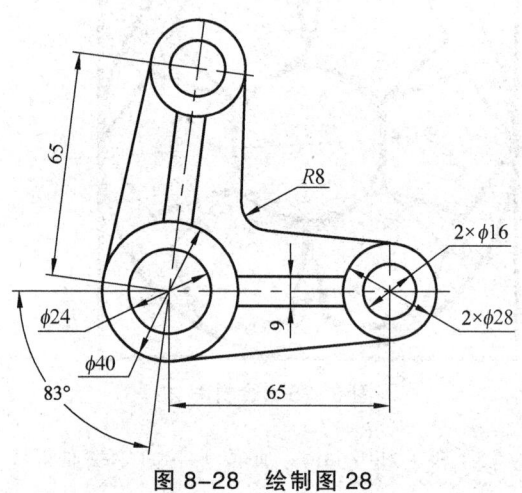

图 8-28　绘制图 28

【习题 29】利用 mirror（镜像）、align（对齐）和 array（阵列）等命令绘制如图 8-29 所示的图形。

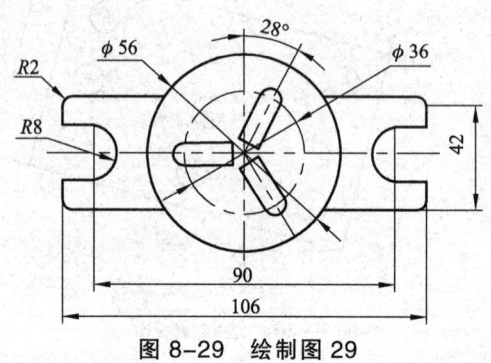

图 8-29　绘制图 29

【习题 30】利用 copy（复制）和 stretch（拉伸）等命令绘制如图 8-30 所示的图形。

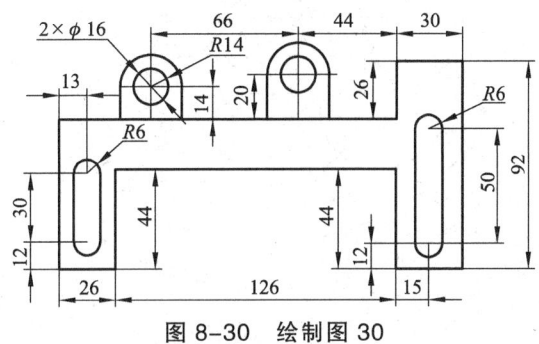

图 8-30　绘制图 30

【习题 31】利用 fillet（圆角）和 chamfer（倒角）等命令将图 8-31（a）修改为图 8-31（b）。

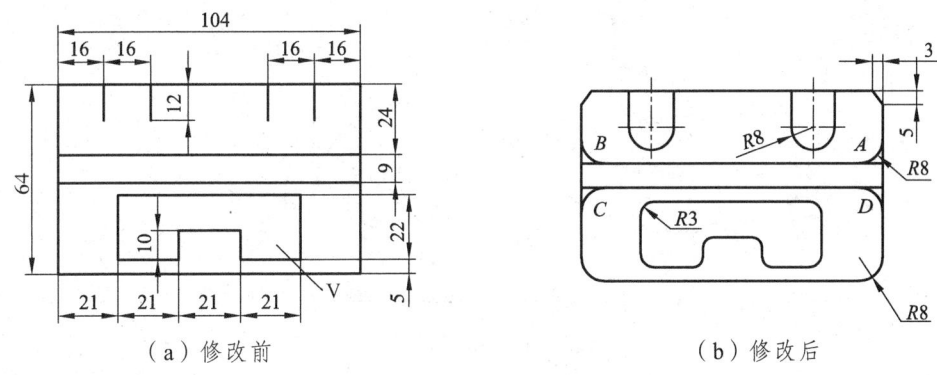

（a）修改前　　　　　　　　　　　（b）修改后

图 8-31　绘制图 31

【习题 32】利用 circle（圆）、fillet（圆角）等命令绘制如图 8-32 所示的图形。

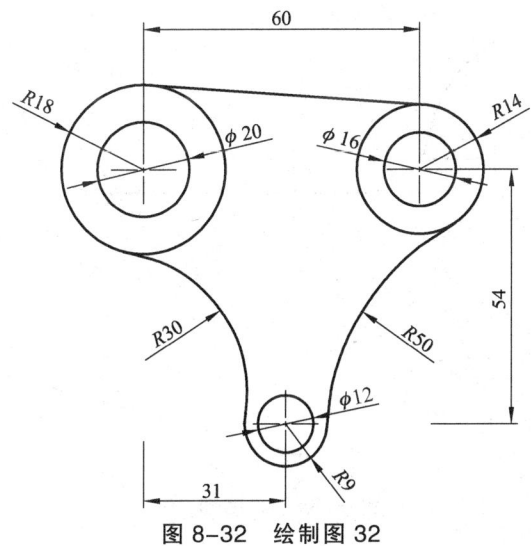

图 8-32　绘制图 32

【习题 33】利用 circle（圆）、fillet（圆角）等命令绘制如图 8-33 所示的图形。

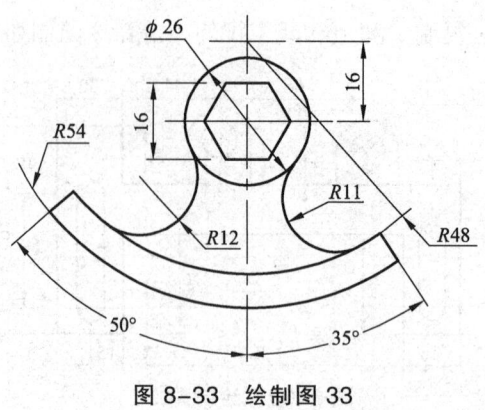

图 8-33　绘制图 33

【习题 34】利用 circle（圆）、fillet（圆角）等命令绘制如图 8-34 所示的图形。

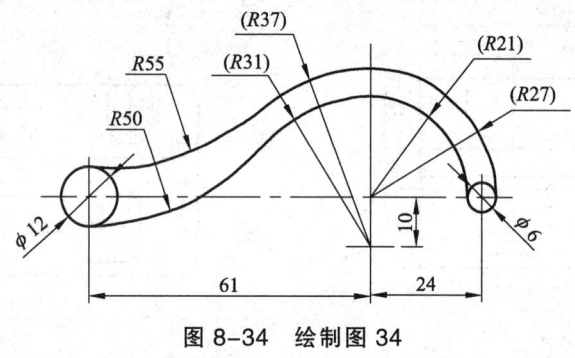

图 8-34　绘制图 34

【习题 35】利用 circle（圆）、fillet（圆角）等命令绘制如图 8-35 所示的图形。

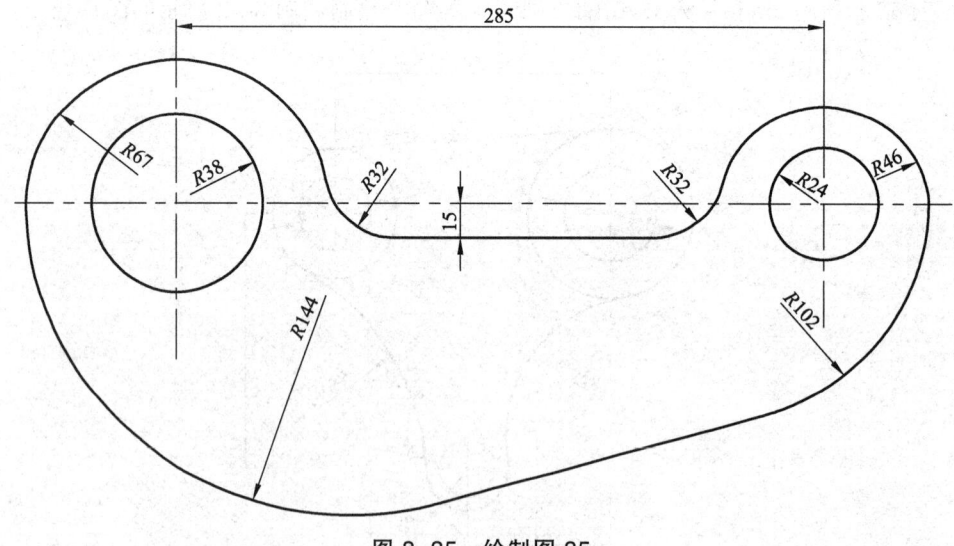

图 8-35　绘制图 35

【习题 36】利用 fillet（圆角）、chamfer（倒角）、mirror（镜像）等命令绘制如图 8-36 所示的图形。

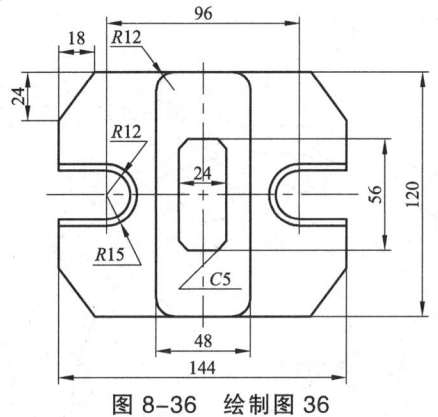

图 8-36 绘制图 36

【习题 37】利用 fillet（圆角）、circle（圆）等命令绘制如图 8-37 所示的图形。

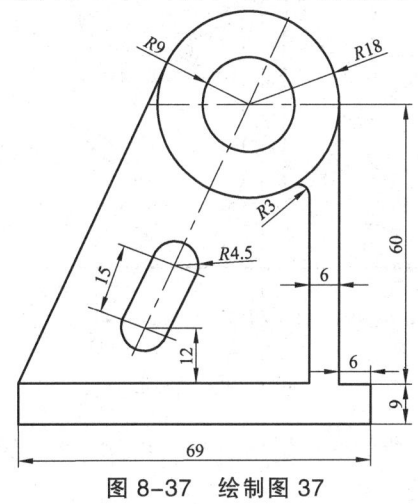

图 8-37 绘制图 37

【习题 38】绘制如图 8-38 所示的吊钩。

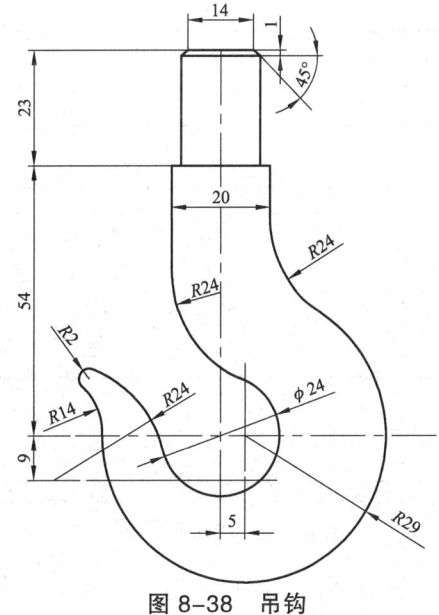

图 8-38 吊钩

【习题 39】绘制如图 8-39 所示的路徽。

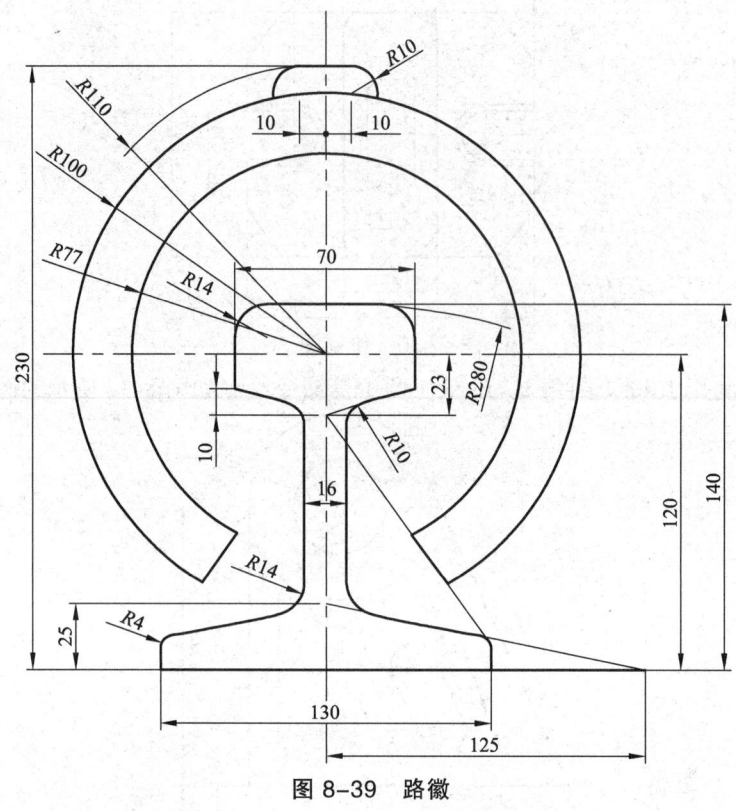

图 8-39　路徽

【习题 40】创建如图 8-40 所示的地层剖面图，并以"块"的形式插入标高。

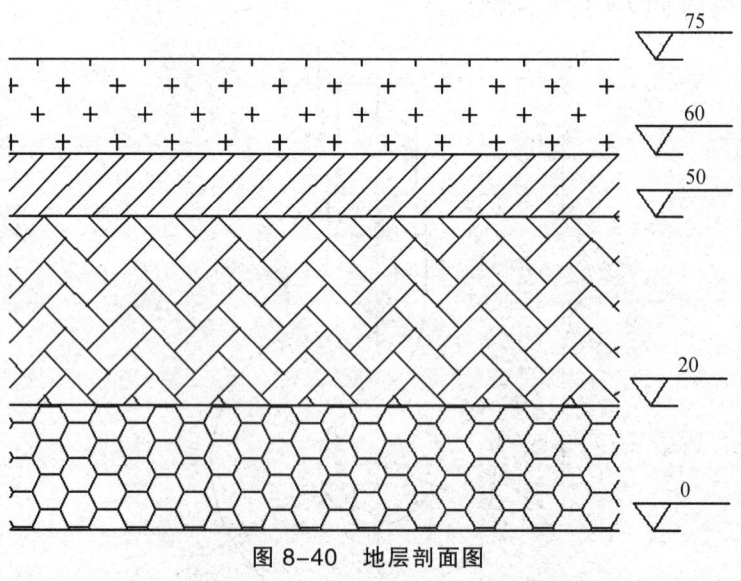

图 8-40　地层剖面图

【习题 41】创建 A3 图幅，并以"块"的形式插入如图 8-41 所示标题栏。

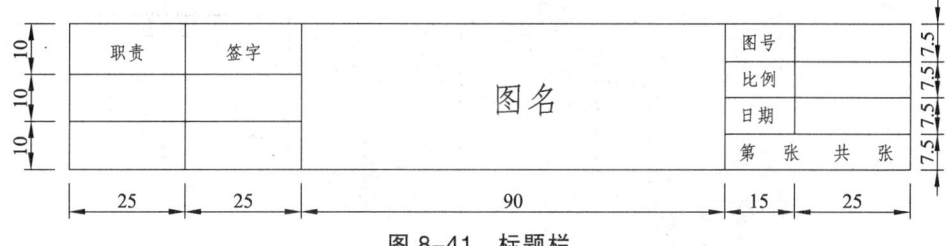

图 8-41 标题栏

任务四 三视图绘制练习

【习题 42】根据如图 8-42 所示三维形体，绘制其三视图。

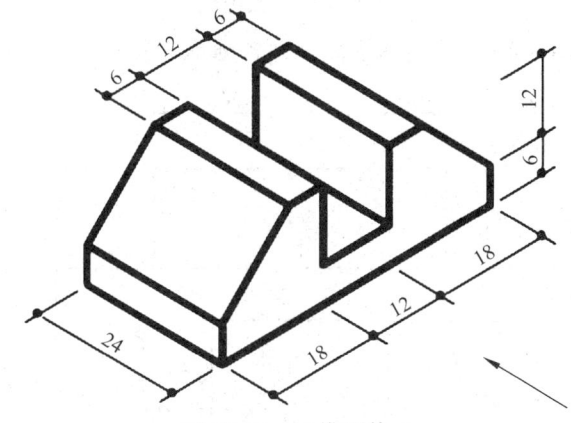

图 8-42 三维形体 1

【习题 43】根据如图 8-43 所示三维形体，绘制其三视图。

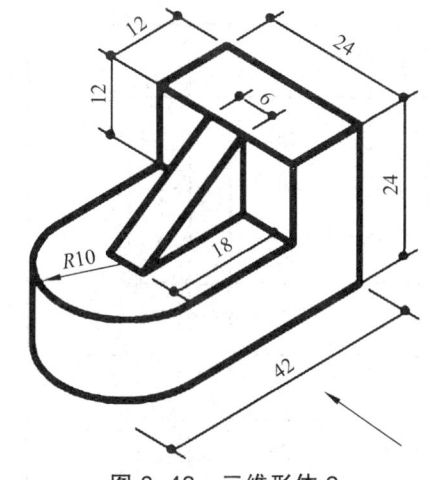

图 8-43 三维形体 2

【习题 44】抄绘姞图 8-44 所示三视图。

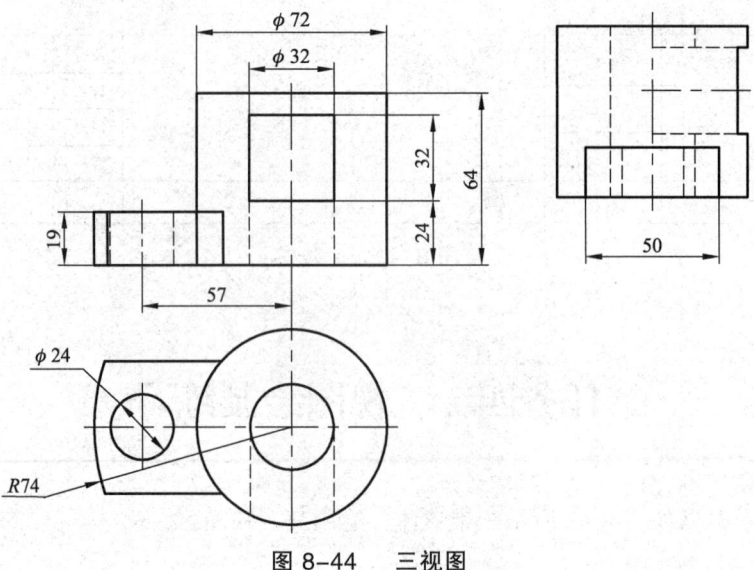

图 8-44 三视图

【习题 45】抄绘如图 8-45 所示的两视图，并补画第三视图。

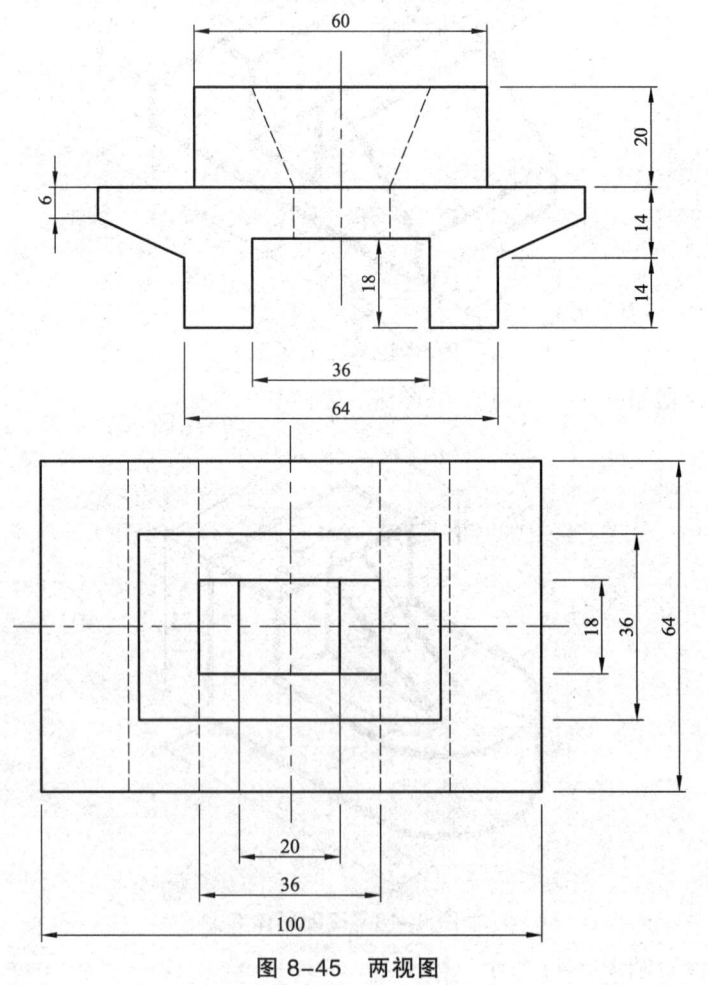

图 8-45 两视图

参考文献

[1] 郑益民,孙树贤,扬中.土木工程CAD[M].北京:机械工业出版社,2014.

[2] 陆学斌,李永强.AutoCAD机械制图基础及应用[M].北京:人民邮电出版社,2013.

[3] 杨峰.Autodesk AutoCAD工程师认证(1级)标准培训教材[M].北京:人民邮电出版社,2010.

[4] 崔宏斌,肖新华.AutoCAD2010中文版实用教程[M].北京:人民邮电出版社,2009.

[5] 程耀东.计算机绘图教程[M].兰州:甘肃教育出版社,2001.